INGRID GRÜSSL

Der Zusammenhang von finanz- und realwirtschaftlichem Sektor einer offenen, stationären Volkswirtschaft

Volkswirtschaftliche Schriften

Begründet von Prof. Dr. Dr. h. c. J. Broermann

Heft 362

Der Zusammenhang von finanz- und realwirtschaftlichem Sektor einer offenen, stationären Volkswirtschaft

Eine kritische Würdigung ausgewählter neoklassischer Ansätze

Von

Dr. Ingrid Größl

DUNCKER & HUMBLOT / BERLIN

CIP-Kurztitelaufnahme der Deutschen Bibliothek

Grössl, Ingrid:
Der Zusammenhang von finanz- und realwirtschaftlichem Sektor einer offenen, stationären Volkswirtschaft: e. krit. Würdigung ausgew. neoklass. Ansätze / von Ingrid Grössl. — Berlin: Duncker und Humblot, 1986.
(Volkswirtschaftliche Schriften; H. 362)
ISBN 3-428-05986-7

NE: GT

D 21

Gedruckt 1986 bei Zippel-Druck, Berlin 36
Printed in Germany

ISBN 3-428-05986-7

Inhaltsverzeichnis

I. Problemstellung und Vorgehensweise

Im Mittelpunkt dieser Arbeit steht eine Auseinandersetzung mit neoklassischen Beiträgen einer offenen Volkswirtschaft bei festen und flexiblen Wechselkursen. Nach neoklassischer Vorstellung strebt ein ökonomisches System einem Vollbeschäftigungszustand zu, in dem reales Sozialprodukt, Beschäftigung und Produktionsstruktur allein durch realwirtschaftliche Größen wie Bevölkerung, Technologie und Präferenzstruktur der Haushalte bestimmt werden, während das Preisniveau bzw. die absoluten Güterpreise finanzwirtschaftliche Größen darstellen. Dies ist unter dem Stichwort „klassische Dichotomie" in der Literatur bekannt geworden. Konkret wird unterstellt, daß das Preisniveau Geldangebot und Geldnachfrage zum Ausgleich bringt und Geldmengenänderungen proportionale Änderungen des Preisniveaus zur Folge haben. Dies ist der Inhalt der Quantitätstheorie.

In einer offenen Volkswirtschaft muß darüber hinaus eine internationale Verflechtung von Märkten berücksichtigt werden. Dabei wird nach traditioneller neoklassischer Auffassung durch Transaktionen mit dem Ausland langfristig weder das Prinzip der Vollbeschäftigung verletzt noch die klassische Dichotomie aufgehoben. Der Grad der internationalen Verflechtung bestimmt vor allem die Autonomie des betrachteten Landes hinsichtlich der Bestimmung von Güterpreisen und Vermögensrenditen. Dabei spielt das Wechselkurssystem eine entscheidende Rolle. So wird annahmegemäß bei flexiblen Wechselkursen durch die Kaufkraftparität ein Inflationsimport verhindert. Die heimische Geldmenge behält dann ihren dominierenden Einfluß auf die Preisentwicklung.

Die Konfrontation mit in der Realität anzutreffenden Abweichungen des Sozialprodukts und Preisniveaus von neoklassischen Ergebnissen gibt in zunehmendem Maße Anlaß zur Konstruktion von Modellen, die diese Divergenzen erklären. Gleichzeitig ist man im neoklassischen Lager bemüht, im Rahmen von dynamischen Systemen nachzuweisen, daß langfristig die besagten Gleichgewichtswerte realisiert werden. Modelle dieser Art werden sowohl für eine geschlossene als auch für eine offene Volkswirtschaft aufgestellt. In der Außenwirtschaftstheorie haben in diesem Zusammenhang bei festen Wechselkursen der *monetäre Zahlungsbilanzansatz* und bei flexiblen

Wechselkursen der *„asset approach"* besondere Bedeutung erlangt[1]. Überwiegend wird in diesen Ansätzen von einer stationären Volkswirtschaft ausgegangen, d.h., Faktorproduktivitäten, Bevölkerung und der Realwert des Vermögens[2] ändern sich im Zeitablauf nicht, vorausgesetzt allerdings, das System befindet sich im Gleichgewicht.

Im monetären Zahlungsbilanzansatz und teilweise auch im „asset approach" spielen für die Abweichungen vom langfristigen (= stationären) Gleichgewicht Salden in der Zahlungs- bzw. Leistungsbilanz eine fundamentale Rolle, die eine Änderung des Realvermögens im Zeitablauf bewirken. Maßgeblich für unausgeglichene Leistungs- bzw. Zahlungsbilanzen ist eine *Ersparnis*, die vom langfristigen Gleichgewichtswert abweicht. Gelegentlich werden auch Investitionen berücksichtigt. Dann wird ein Saldo in der Leistungsbilanz durch die Differenz zwischen Sparen und Investieren bestimmt. Zu berücksichtigen ist ferner, daß bei Weltinflation auch langfristig die Leistungs- bzw. Zahlungsbilanz einen Saldo aufweist. Dieser ist aber konstant und sorgt dafür, daß der Realwert des Vermögens sich im Zeitablauf nicht ändert.

Die Ersparnis nun ist Ergebnis einer Entscheidung über die angestrebte Vermögensakkumulation und stellt somit im weiteren Sinne eine Portfolioentscheidung dar. Sie begründet über die Realvermögensakkumulation einen spezifischen strukturellen Zusammenhang von finanz- und realwirtschaftlichem Sektor[3] und über Salden in der Leistungs- und Zahlungsbilanz eine spezifische internationale Verflechtung ökonomischer Prozesse.

Eine erste Problemstellung dieser Arbeit umfaßt nun die Frage, inwieweit die getroffenen Portfolioentscheidungen eine *logisch konsistente* strukturelle Verknüpfung von finanz- und realwirtschaftlichem Sektor erlauben. Darüber hinaus stellt sich die Frage, ob die spezifischen Hypothesen bezüglich der Entscheidungen über Vermögensakkumulation und -strukturierung als rational betrachtet werden können. Dabei wird die neoklassische Forderung berücksichtigt, daß nicht nur das langfristige Gleichgewicht, sondern

---

[1] In der Literatur findet sich darüber hinaus der Hinweis auf den erweiterten Mundell-Fleming- Ansatz. Er wird in dieser Arbeit — auf der Basis an anderer Stelle erläuterter Klassifikationskriterien ebenfalls als Variante des „asset approach" bezeichnet werden.

[2] Synonym wird im folgenden der Begriff „Realvermögen" verwendet. Vom Realvermögen in dieser Definition ist das Sachvermögen zu unterscheiden. Es umfaßt sowohl langlebige Konsumgüter als auch den Bestand an Produktionsmitteln.

[3] Unter dem finanzwirtschaftlichen Sektor werden im folgenden jene Märkte zusammengefaßt, auf denen Aktiva angeboten und nachgefragt werden, die zur Finanzierung von Gütern dienen, bzw. Zentralbankgeld darstellen, das durch Offenmarktpolitik geschaffen wird. In dieser Abgrenzung zählt somit auch der Aktienmarkt zum finanzwirtschaftlichen Sektor.

auch Abweichungen davon auf einem Rationalverhalten der Wirtschaftssubjekte beruhen, das bei begrenzten Möglichkeiten dazu führt, daß die gesetzten Ziele in möglichst hohem Ausmaß erreicht werden. Die begrenzten Möglichkeiten können dabei auch durch Unsicherheit bezüglich der aktuellen und zukünftigen ökonomischen Situation geprägt sein. Maßgebend für ein rationales Verhalten ist allein die Forderung, daß das Wirtschaftssubjekt keine Gelegenheit versäumt, die ihm verbleibenden Möglichkeiten im Interesse seiner Ziele zu nutzen.

Stehen im monetären Zahlungsbilanzansatz und teilweise im „asset approach"[4] Leistungs- und Zahlungsbilanzsalden im Mittelpunkt, so werden im erweiterten Mundell-Fleming-Ansatz[5] Abweichungen vom stationären Gleichgewicht maßgeblich durch eine verzögerte Preisanpassung und durch Erwartungsirrtümer bezüglich der Wechselkursentwicklung bestimmt. Bezeichnend für diese Ansatzgruppe ist dabei die Hypothese, daß der Wechselkurs kurzfristig für *Zinsarbitragegleichgewicht* sorgt. Bei international vollständig substitutiven Gütern wird im langfristigen Gleichgewicht von der *absoluten Kaufkraftparität* ausgegangen. Danach sorgt der Wechselkurs dafür, daß der in- und ausländische Güterpreis übereinstimmen. Den theoretischen Nachweis dieser Hypothesen im Rahmen einer Ungleichgewichtsanalyse bleiben die Autoren allerdings schuldig. Dennoch liegt die Frage nahe, ob der Wechselkurs überhaupt dazu in der Lage ist, internationale Rendite- bzw. Preisdivergenzen auszugleichen. Eine Antwort darauf zu finden, stellt ein weiteres Anliegen dieser Arbeit dar.

Um die genannten Problemstellungen deutlich herauszufiltern und gewissermaßen als Argumentationsbasis werden einige Beiträge zum monetären Zahlungsbilanzansatz und zum „asset approach" ausgewählt und dargestellt, die als grundlegend gelten. Im Interesse der Anschaulichkeit werden dabei gelegentlich Annahmen vereinfacht, was jedoch die fundamentale Modellstruktur unberührt läßt. Beispielsweise wird stets an der Vollbeschäftigungsannahme festgehalten[6]. Dem darstellenden Teil schließt sich dann eine kritische Würdigung an, in deren Mittelpunkt die oben skizzierten Probleme stehen.

Um einen Vergleich alternativer Ansätze zu erleichtern, werden — soweit es die Modellstruktur erlaubt — jeweils dieselben Parametervariationen vorgenommen. Bei flexiblen Wechselkursen handelt es sich dabei um die Geldmenge und um Variationen des Weltpreisniveaus. Existieren verzins-

---

[4] Diese Gruppe wird hier als „asset approach" vom Typ B bezeichnet.

[5] Diese Gruppe wird hier als „asset approach" vom Typ A bezeichnet.

[6] Diese Annahme wird allerdings in sehr vielen neoklassischen Ansätzen gemacht.

liche Anlagen, kommt eine Variation des Weltzinssatzes hinzu. Bei festen Wechselkursen werden außerdem die Effekte einer Abwertung analysiert. Die genannten Parameteränderungen bedeuten in manchen Modellen eine Erweiterung der von den einzelnen Autoren durchgeführten Analyse. Eine Ausnahme wird dort gemacht, wo der Rechenaufwand in keinem Verhältnis zum Erkenntnisgewinn steht.

II. Der monetäre Zahlungsbilanzansatz („The Monetary Approach of the Balance of Payments")

A. Überblick

In einem engeren Sinne werden unter dem „monetary approach" solche Ansätze zusammengefaßt, in denen unterstellt wird, daß

— die international gehandelten Güter vollständig substitutiv sind,

— inländisches Zentralbankgeld die einzige Vermögensanlage darstellt.

Diese Modelle stellen Übertragungen des „cash balance approach" von D. Patinkin auf die offene Volkswirtschaft dar[1].

Außerdem gibt es Beiträge, in denen neben inländischen ausländische Währungseinheiten[2] bzw. verzinsliche Wertpapiere als Anlage in Frage kommen[3]. Diese Ansätze entsprechen in der strukturellen Verknüpfung von finanz- und realwirtschaftlichem Sektor dem in dieser Arbeit als „asset approach" vom Typ B bezeichneten Modell. Aus diesem Grund wird an dieser Stelle auf eine explizite Darstellung verzichtet. Die gegen den „asset approach" vom Typ B vorgebrachte Kritik kann im wesentlichen auch gegen diese Beiträge geltend gemacht werden.

In dem sich anschließenden Teil B werden die konstituierenden Hypothesen des „monetary approach" i.e.S. vorgestellt. Ferner wird verdeutlicht, welche Rolle die gesamtwirtschaftliche Budgetrestriktion und die spezifische internationale Verflechtung von Märkten für die Gültigkeit dieser Hypothesen spielt. In D wird schließlich die grundlegende Funktionsweise des monetären Ansatzes anhand zweier Beiträge von R. Dornbusch erläutert.

In Dornbusch 1973a werden sowohl eine Ein-Sektor- als auch eine Zwei-Sektoren-Volkswirtschaft analysiert, wobei ein Gut international nicht gehandelt wird. Im Mittelpunkt stehen die kurz- und langfristige Wirkung einer Abwertung auf die Zahlungsbilanz bzw. die Geldmenge und die Reaktion der absoluten und relativen Güterpreise.

---

[1] Vgl. *D. Patinkin* (1965).

[2] Vgl. *H. Lapan* und *W. Enders* (1978).

[3] Vgl. *R. Dornbusch* (1975).

In Dornbusch 1973b produzieren die betrachteten Volkswirtschaften zwei Güter, die auch international gehandelt werden. Der relative Güterpreis wird als Ausdruck für die „terms of trade" betrachtet. Der Zusammenhang zwischen Abwertung und Entwicklung der „terms of trade" steht im Zentrum der Analyse.

Um die Modellstruktur zu verdeutlichen, reicht eine *formale* Darstellung des Ein-Sektor-Modells aus. Was die Bedeutung relativer Güterpreise anbelangt, so sollen hier die Ergebnisse der von Dornbusch durchgeführten Analyse lediglich verbal zusammengefaßt werden.

B. Allgemeine Charakterisierung des „Monetary Approach"

1. Die konstituierenden Hypothesen

Leitlinie des monetären Zahlungsbilanzansatzes ist ein langfristiges Gleichgewicht, das im Falle einer stationären Volkswirtschaft dadurch gekennzeichnet ist, daß das Realvermögen sich im Zeitablauf nicht ändert. Unter der Annahme, daß als einzige Anlagemöglichkeit inländische Währung in Frage kommt, bedeutet dies eine konstante reale Geldmenge. Definitorisch gilt:

(1) $$M = \frac{M^n}{P}$$ M^n = nominelle Geldmenge

P = Preisniveau

Von der Entstehungsseite aus betrachtet, setzt sich die nominelle Geldmenge zusammen aus den Devisenreserven der Zentralbank („foreign component") und einer heimischen Komponente, die den autonomen Einfluß der Zentralbank auf die nominelle Geldmenge verdeutlicht.

(2) $$M^n = D^n + R^{n'}e$$ D^n = heimische Komponente

$R^{n'}$ = Nominalwert des Devisenbestandes in ausländischer Währung

e = Wechselkurs

Bei festen Wechselkursen erfordert stationäres Gleichgewicht:

(3) $$w_D{}^n = \pi$$ $w_D{}^n$ = Wachstumsrate von D^n

(4) $$w_R{}^n = \pi$$ $w_R{}^n$ = Wachstumsrate von $R^{n'}$

Eine Änderung des Devisenbestandes im Zeitablauf ist mit einer unausgeglichenen Zahlungsbilanz verbunden. Bedeutsam ist nun die Annahme, daß die heimische Geldschöpfungskomponente D_n im Zeitablauf *konstant* ist. Damit erfordert stationäres Gleichgewicht ein konstantes Preisniveau. Bei festem Wechselkurs impliziert das eine *ausgeglichene* Zahlungsbilanz.

Abweichungen vom langfristigen Gleichgewicht sind somit untrennbar mit einer unausgeglichenen Zahlungsbilanz verbunden.

Die Zahlungsbilanz wird als ein im wesentlichen „monetäres Phänomen" betrachtet, indem sie ein *Ungleichgewicht auf dem Geldmarkt* repräsentiert: "... the balance of payments is an essentially (but not exclusively) monetary phenomenon"[4]. Ausgegangen wird von dem bereits verdeutlichten Zusammenhang zwischen Zahlungsbilanz und Geldmengenänderung, der im übrigen unabhängig von einer speziellen Theorie gilt. Darauf basiert nun die Hypothese, daß ein Ungleichgewicht in der Zahlungsbilanz nur existieren kann, wenn die damit verbundene Geldmengenänderung von den Wirtschaftseinheiten auch akzeptiert wird. Mit einem Zahlungsbilanzüberschuß z.B. muß dann ein Anstieg der gewünschten Kassenhaltung verbunden sein.

> "... we are interested in the behaviour of the money account for which the demand for money and the supply of money should be of prime importance. The same principle would apply if we were interested in the steel account; we would organise the analysis around the demand for and supply of steel"[5].

Gerechtfertigt wird dieses Vorgehen mit einer stabilen Geldnachfrage.

> "Of course, if the organisation of the analysis of the balance of payments around the demand for money function and the money supply process is to make much sense, the demand for money and the money supply process must be stable functions of a limited set of variables ... Given these stable relationships, it follows that if any policy or parametric change is to have an effect on the balance of payments, it must cause a divergence between what the demand for money would have been in the absence of the policy parametric change and what the supply of money would have been in the absence of any change in the level of official holdings of foreign exchange"[6].
>
> "If the demand were passive, ... the monetary approach would have no predictive power"[7].

Dahinter steckt wiederum die Hypothese, daß ein Ungleichgewicht in der Zahlungsbilanz durch eine Ersparnis ausgelöst wird, die dazu dient, eine

[4] *M. Mussa* (1974), S. 334

[5] *M. Mussa* (1974), S. 335/6

[6] *M. Mussa* (1974), S. 336.

[7] *M. Mussa* (1974), S. 336.

Divergenz zwischen angestrebter und tatsächlicher Kassenhaltung *sukzessive* abzubauen.

Die Argumentation baut wesentlich auf dem „real balance effect“ auf, wie er von Don Patinkin formalisiert worden ist[8]. Unter der Annahme einer geschlossenen Volkswirtschaft wird in diesem Ansatz bekanntermaßen postuliert, daß das Preisniveau durch Geldangebot und Geldnachfrage, also monetär, bestimmt wird. Ungleichgewichte auf dem Geldmarkt haben somit Preisniveauänderungen zur Folge.

Monetär bestimmtes Preisniveau in einer geschlossenen Volkswirtschaft und monetär bestimmte Zahlungsbilanz in einer offenen Volkswirtschaft basieren nun auf einer bestimmten Konzeption bezüglich des *Zusammenhangs von finanz- und realwirtschaftlichem Sektor* und der Substitutionsbeziehung zwischen den international gehandelten Gütern voraus. Dabei wird der Budgetrestriktion fundamentale Bedeutung beigemessen: "In general, the approach emphasises the budget constraint imposed on the country's international spending ..."[9].

Bevor auf ausgewählte Beiträge im einzelnen eingegangen wird, soll diese Beziehung zwischen dem Zusammenhang von finanz- und realwirtschaftlichem Sektor, der internationalen Verflechtung und der Budgetrestriktion näher beleuchtet werden. Dabei werden die den „cash balance approach“ einer offenen Volkswirtschaft charakterisierenden Prämissen zugrunde gelegt. Vereinfachend wird von einer Ein-Sektor-Volkswirtschaft ausgegangen. Um die Bedeutung der internationalen Verflechtung herauszukristallisieren, erfolgt die Betrachtung zunächst für eine geschlossene Volkswirtschaft[10], wobei in diesem Rahmen auch auf die Rolle des Arbeitsmarktes eingegangen wird.

Mit der Bedeutung der Budgetrestriktion für einen Zusammenhang von Marktgleichgewichten unter der Annahme, daß keine Transaktionen zu Ungleichgewichtspreisen vorgenommen werden, befaßt sich im übrigen auch ein Ansatz von *H. Herberg*[11]. Darin geht es vor allem um die Beziehung zwischen Bestands- und Stromgleichgewichten, wobei unterstellt wird, daß die von den Budgetrestriktionen aufgezeichneten ökonomischen Transaktionen auch jederzeit auf Märkten realisiert werden. Hier soll dagegen, abweichend von den üblichen Literaturbeiträgen, zum einen der Zusammenhang zwischen Budgetrestriktion und Märkten allgemeiner diskutiert

[8] Vgl. *D. Patinkin* (1965)

[9] *H.G. Johnson, J.A. Frenkel* (1976), S. 21.

[10] Diesbezüglich basiert die Analyse auf *D. Patinkin*, (1965), 2. Aufl., S. 162 ff.

[11] Vgl. *H. Herberg* (1975).

werden, indem die Bedeutung des Verhältnisses zwischen Plangrößen und Markttransaktionen bzw. Marktgleichgewichtssituationen herausgearbeitet wird, zum anderen unter spezielleren Aspekten, indem die Relevanz der Budgetrestriktion unter den besonderen Annahmen des „cash balance approach“ einer offenen Volkswirtschaft erläutert wird. Entsprechend wird als einziger Produktionsfaktor die Arbeit berücksichtigt. Die Wirtschaftssubjekte haben vollkommene Voraussicht.

2. Die Bedeutung von Budgetrestriktionen für den Zusammenhang von finanz- und realwirtschaftlichem Sektor

2.1 Geschlossene Volkswirtschaft

2.1.1 Komplementarität und Substitutivität als Determinanten des Zusammenhangs von Märkten

Der Zusammenhang von Märkten äußert sich einmal in einer Beziehung zwischen den auf verschiedenen Märkten angebotenen und nachgefragten Mengen und zum anderen in einer Relation zwischen Gleichgewichts- und Ungleichgewichtssituationen. Nun können Angebote und Nachfragen auf einem Markt als Reflektionen geplanter ökonomischer und in der laufenden Periode zu realisierender Transaktionen von Wirtschaftssubjekten begriffen werden. Ein Markt wird dabei charakterisiert durch das auf ihm gehandelte Objekt.

Der Zusammenhang von Märkten basiert somit auf einer Relation zwischen den gehandelten Objekten. Maßgebend dafür sind Substitutions- und Komplementaritätsbeziehungen. Eine *unvollständige* Substitutionsbeziehung zwischen zwei Tauschobjekten A und B begründet eine Abhängigkeit der Angebote und Nachfragen von ihren relativen Preisen. Ist die Substitutionsbeziehung dagegen *vollkommen*, können beide Tauschobjekte A und B zu einem *homogenen* Gut C zusammengefaßt werden. Gilt das Gesetz der Unterschiedslosigkeit der Preise („law of one price“), resultiert daraus ein *gemeinsamer* Markt. Anderenfalls wird das betreffende Tauschobjekt dort nachgefragt, wo es relativ billiger angeboten wird[12].

Verhält sich ein Tauschobjekt A dagegen *komplementär* zu einem Tauschobjekt B, so ist seine Nachfrage bzw. sein Angebot von den Determinanten der Nachfrage nach und des Angebotes an B abhängig, und zwar im Sinne

[12] Vgl. *Alfred E. Ott*, (1979), 3. Aufl., S. 34.

einer positiven Korrelation. Die Komplementarität kann *technisch* bedingt sein, indem z.B. mit der Nachfrage nach einer Lampe die Nachfrage nach Glühbirnen verbunden ist (technische Komplementarität)[13].

Wesentlich für die Belange dieser Arbeit ist jedoch diejenige Komplementarität, die aus der *ökonomischen Knappheit* resultiert und ihren Ausdruck darin findet, daß der Erwerb von Gütern, Faktoren und Wertpapieren finanziert werden muß. Sie führt dazu, daß Finanzierungsmittel und deren Verwendung sich entsprechen. Ein formaler Ausdruck dafür ist die *Budgetrestriktion* der Wirtschaftseinheiten.

Aus der Komplementarität von Finanzierungsmittelentstehung und -verwendung wird nun im Rahmen der Neoklassik gesamtwirtschaftlich eine Beziehung zwischen Gleichgewichts- bzw. Ungleichgewichtssituationen der finanz- und realwirtschaftlichen Märkte abgeleitet. Darüber hinaus werden diese Zusammenhänge *kausal* interpretiert in dem Sinne, daß ein realwirtschaftliches Ungleichgewicht durch ein finanzwirtschaftliches verursacht wird. Dies soll im folgenden anhand der gesamtwirtschaftlichen Budgetrestriktion verdeutlicht werden. Grundlage dafür sind wiederum die Budgetrestriktionen der Wirtschaftseinheiten. Als Folge der Annahme vom repräsentativen Haushalt bzw. der repräsentativen Unternehmung entsprechen sich die mikro- und makroökonomischen Verhaltensfunktionen.

2.1.2 Einzelwirtschaftliche Budgetrestriktionen

Wie bereits verdeutlicht, stellt die Budgetrestriktion eines Wirtschaftssubjektes die Beziehung her zwischen *Mittelentstehung und -verwendung*. Im ex ante Sinne, und nur dieser interessiert im Zusammenhang mit Marktgleichgewichten, verdeutlicht sie zugleich die Gesamtheit der von der Wirtschaftseinheit *geplanten* Finanzierungsmittelentstehungs- und Finanzierungsmittelverwendungsmöglichkeiten. Diese wiederum können gemessen werden durch Bestände, Bestandsänderungen oder „flows“.

Angenommen, das Lohneinkommen sei eine konstante Größe ($\overline{Y}$). Ferner sei unterstellt, der Haushalt plane einen Aufbau seiner Kassenhaltung. Mit dem Lohneinkommen liegt das Niveau des möglichen Konsums und Hortens fest, Ausdruck einer Komplementarität von Einkommen und dessen Verwendung. Zu entscheiden hat nun der Haushalt über die *Verwendungsstruktur*. Bedeutsam ist dabei die Hypothese, daß zwischen Konsum und Ersparnis keine Substitutionsbeziehung besteht. Dies wird wie folgt be-

---

[13] Vgl. ebenda, (1979), 3. Aufl., S. 81.

gründet: Die Haushalte wünschen eine Kasse, deren Niveau sich aus *institutionell* bestimmten Kassenhaltungskoeffizienten und dem Lohneinkommen ergibt. Gespart wird, um einen niedrigeren aktuellen Kassenstand an dieses gewünschte Niveau anzupassen. Dabei wird von einer *unvollständigen* Korrektur pro Zeiteinheit ausgegangen, wobei der Anpassungskoeffizient exogen festgelegt wird. Da der Haushalt an sein Einkommen gebunden ist, kann er nur eine Größe, entweder Konsum oder Ersparnis, unabhängig festlegen. Entscheidend ist nun die Annahme der Vertreter des „cash balance approach“, daß dieses Los auf die *Ersparnis* fällt. Damit repräsentiert der Konsum eine Restgröße, und zwar mangels Substitutionsbeziehung zur Ersparnis passiver Art. Der Konsum wird *monetär* bestimmt.

(2) $(\dot{M})^* = \alpha_M \cdot (M^* - M)$ $\quad 0 < 1$

(3–1) $M^* = k\overline{Y}$ $\quad M^*$ = angestrebter Kassenbestand

k = Kassenhaltungskoeffizient

In neoklassischen Modellen basiert das Arbeitsangebot auf einer Konkurrenzbeziehung zwischen Freizeit und dem Erwerb von Gütern und Vermögenstiteln. Annahmegemäß steigt das Arbeitsangebot mit dem Reallohn, der als Opportunitätskostensatz für die Freizeit gedeutet werden kann. Damit liegt gleichzeitig das Lohneinkommen fest, und es kann wiederum nur über Konsum oder Ersparnis unabhängig entschieden werden. Die Real-Balance-Hypothese legt den Konsum als Puffer fest, und zwar auch unter der Annahme eines variablen Einkommens. Für die angestrebte reale Kassenhaltung folgt:

(3–27) $$M^* = kA^s\left(\frac{1}{p}\right)$$

Das makroökonomische Modell des „cash balance approach“ ist durch eine *kontinuierliche Betrachtung* gekennzeichnet. Der Übergang von der einzel- zur gesamtwirtschaftlichen Ebene folgt dem Konzept des *repräsentativen* Wirtschaftssubjekts. Entsprechen sich mikroökonomische Planungsperiode und makroökonomische Betrachtungsperiode, so ist auch auf einzelwirtschaftlicher Ebene von einer Zeitpunktplanung auszugehen. Entsprechend bilden die Budgetrestriktionen Stromgrößen ab.

Unter der Annahme, daß erwartete und tatsächliche Größen übereinstimmen, folgt für die Budgetrestriktion der *Haushalte*:

(1) $A^s l = CP + (M) * P$ $\quad A^s$ = vom Haushalt geplantes Arbeitsangebot

l = Nominallohn

C = realer Güterkonsum

$(\dot{M})^*$ = vom Haushalt angestrebte Zunahme der Kassenhaltung, mit

$\frac{dM}{dt} = \dot{M}$

P = Güterpreis

Güterkonsum und Arbeitsangebot betreffen den realwirtschaftlichen, die Änderung der Kassenhaltung den finanzwirtschaftlichen Sektor. Um die Beziehung zwischen finanziellen und realen Plangrößen aufzuzeigen, empfiehlt sich die Unterscheidung zwischen unabhängigen Variablen, aktiven und passiven Restgrößen. Letztere können auch als Puffer bezeichnet werden. Grundlage ist die Komplementarität zwischen Mittelentstehung und -verwendung in Verbindung mit einer Substitutionsbeziehung zwischen den Plangrößen.

Die Unternehmungen planen in jeder Periode die Güterproduktion. Annahmegemäß befindet sich die Volkswirtschaft in einem langfristigen Konkurrenzgleichgewicht, d.h., es treten keine Gewinne auf. Damit entsprechen den Umsatzeinnahmen als Produkt aus Absatz und Güterpreis die Ausgaben für Produktionsfaktoren, wobei davon ausgegangen wird, daß Arbeit einziger Produktionsfaktor ist.

(4) $$Y\,[\,A^d\,(\frac{1}{P})] = A^d\,(\frac{1}{P}) \cdot 1$$

Dabei bedeuten:

$Y(A^d)$ = Produktionsfunktion

A^d = von den Unternehmungen geplanter Arbeitseinsatz

Über die Produktionsfunktion besteht eine komplementäre Beziehung zwischen Produktion und Arbeitseinsatz. Die Grenzproduktivitätsregel führt zu einer mit steigendem Reallohn fallenden Beschäftigung; die Güterproduktion paßt sich passiv an.

2.1.3 Die gesamtwirtschaftliche Budgetrestriktion

Die gesamtwirtschaftliche Budgetrestriktion resultiert aus einer Aggregation einzelwirtschaftlicher Einnahmen und Ausgaben:

(5) $$(A^s l - A^d l) + (Y\,P - C\,P) = \dot{L}\,P$$

(6) $$\dot{L} = (\dot{M})^*$$

Dabei wird deutlich, daß die von den Haushalten geplanten Einnahmen in einer Beziehung zu den von den Unternehmungen geplanten Ausgaben für den Faktoreinsatz stehen, und zwar in dem Sinne, daß die *Realisierung* des geplanten Einkommens von der Bereitschaft der Unternehmungen abhängt, das Arbeitsangebot zu dem von den Haushalten erwarteten Lohnsatz zu absorbieren. Umgekehrt ist der von den Unternehmungen geplante Arbeitseinsatz in seiner Realisierung von der Bereitschaft der Haushalte abhängig.

Weiter wird eine analoge Beziehung deutlich zwischen den von den Haushalten geplanten Ausgaben für Konsumgüter und der von den Unternehmungen geplanten Produktion.

Da das Lohneinkommen die Grundlage liefert für die Konsumausgaben und die Produktionskosten für das Güterangebot, ist ferner ein Zusammenhang zwischen diesen Größen zu berücksichtigen.

Aus der gesamtwirtschaftlichen Budgetrestriktion folgt, daß die Summe aller Einnahmen- bzw. Ausgabenüberschüsse gleich Null sein muß. Im folgenden geht es darum, daraus eine Beziehung zu Marktgleichgewichten herzustellen.

2.1.4 Budgetrestriktion und Marktgleichgewicht[14]

Die Wirtschaftssubjekte sind in der Realisierung ihrer Pläne aufeinander angewiesen. Der Markt dient dazu, die verschiedenen Interessen zum Ausgleich zu bringen. Grundsätzlich beschreibt Marktgleichgewicht eine Situation, in der Angebot und Nachfrage sich decken. Diese können wiederum in Mengen- oder Werteinheiten ausgedrückt sein. Ferner kann es sich um *Bestände, Ströme und Bestandsänderungen* handeln. In der Literatur dominiert die Interpretation des Marktgleichgewichts als Übereinstimmung *mengenmäßiger* Angebote und Nachfragen. Ob es auf Bestände, Bestandsänderungen bzw. Ströme bezogen wird, hängt zunächst einmal von der Lebensdauer der gehandelten Objekte ab.

Für Güter mit einer Lebensdauer unter einer durchschnittlichen Einkommensperiode gibt es keinen Altbestand, der gehandelt werden könnte, und ein Marktgleichgewicht wird auf Ströme bezogen, falls Angebote und Nachfrage für eine Zeiteinheit definiert sind. Existieren dagegen Altbestände, so kann ein Gleichgewicht sowohl auf Ströme bzw. Bestandsänderungen als auch auf Bestände bezogen werden.

Die Budgetrestriktion ist nicht nur ein Ausdruck für die Beziehung zwischen Mittelentstehung und -verwendung. Sie repräsentiert zugleich den

---

[14] Festzuhalten ist, daß in den folgenden Ausführungen übereinstimmend mit dem „cash balance approach" von Mengentransaktionen zu Ungleichgewichtspreisen abgesehen wird.

Umfang der im Rahmen des Planungshorizontes vorgesehenen ökonomischen Aktivitäten. Marktgleichgewichte werden entweder auf einen bestimmten Zeitraum bezogen, oder es liegt ihnen eine Betrachtung zu bestimmtem Zeitpunkt zugrunde. Faktisch gelangt man von einer Zeitraum- zu einer Zeitpunktbetrachtung, indem man die Periode unendlich klein werden läßt. Auf jeden Fall braucht die *Betrachtungsperiode* nicht mit der *Planungsperiode* der Wirtschaftssubjekte übereinzustimmen. Somit besteht eine Beziehung zwischen geplanten ökonomischen Aktivitäten und Angeboten bzw. Nachfragen nur insoweit, als die geplanten Größen in der Betrachtungsperiode realisiert werden sollen.

Eine Relation zu Marktgleichgewichten bzw. -ungleichgewichten kann daraus wiederum nur gefolgert werden, wenn den Wirtschaftseinheiten *identische* Erwartungen unterstellt werden. Schließlich ist zu berücksichtigen, daß die Budgetrestriktion, wie sie für den „cash balance approach" abgeleitet wurde, *Stromgrößen* aufzeichnet. Werden somit die geplanten Größen in der makroökonomischen Betrachtungsperiode realisiert und haben die Wirtschaftssubjekte identische Erwartungen[15], stellt die oben abgeleitete gesamtwirtschaftliche Budgetrestriktion eine Beziehung her zwischen Stromgleichgewichts- bzw. Stromungleichgewichtssituationen. Die Regel, daß die Summe aller Einnahmen- bzw. Ausgabenüberschüsse gleich Null ist, impliziert somit, daß die Summe aller Überangebote bzw. Überschüsse, bezogen auf „flows", gleich Null ist.

In der Literatur wird in diesem Zusammenhang oft das *Walras'sche Gesetz* zitiert[16]. Danach herrscht auf dem n-ten Markt Gleichgewicht, wenn Angebote und Nachfragen auf n-1 Märkten übereinstimmen, wobei als Grundlage die Budgetrestriktion erkannt wird. Wenn nun die Budgetrestriktion nur Stromgrößen aufzeichnet, gilt das Walras'sche Gesetz nur in bezug auf Flow-Ungleichgewichte.

Nun impliziert die auf dem „real balance effect" beruhende Sparhypothese eine Divergenz zwischen angestrebtem und tatsächlichem Kassen*bestand*. Daraus wird oft vorschnell auf ein Bestandsungleichgewicht auf dem Geldmarkt geschlossen. Wenn aber die Anpassung pro Zeiteinheit verzögert erfolgt, ist das Integral aus angestrebter Zunahme der Geldnachfrage: $\int \dot{L} dt = \alpha_M \int (M^* - M)\, dt$ nicht identisch mit dem angestrebten Kassenbestand. Von einer Differenz zwischen angestrebter und aktueller Kassenhaltung kann nicht auf ein Bestandsungleichgewicht auf dem Geldmarkt geschlossen werden. Eine sehr ausführliche Diskussion der Bedeu-

[15] Von letzterem kann ausgegangen werden, da vollkommene Voraussicht besteht.
[16] Vgl. *J. Niehans* (1978), S. 236 f; *D. Patinkin* (1965), 2. Aufl., S. 34 ff.

tung einer verzögerten Anpassung an Portfoliogleichgewichte für den Zusammenhang von Bestands- und Strömungsgleichgewichten führt im übrigen Herberg[17].

Zusammenfassend kann festgehalten werden: Ein Zusammenhang von Marktgleichgewichten bzw. -ungleichgewichten wird durch die Komplementarität von Finanzierungsmittelentstehung und -verwendung nur insoweit hergestellt, als die geplanten Entstehungs- und Verwendungsgrößen in der Betrachtungsperiode durch Markttransaktionen realisiert werden sollen. Die geplanten Größen können dabei sowohl durch „stocks“ als auch durch „flows“ gemessen werden. Daraus folgt eine weitere Einschränkung: Wird ein Marktgleichgewicht auf „stocks“ bezogen und sind sämtliche Planungsgrößen in „flows“ formuliert, vermag die Budgetrestriktion den Zusammenhang von Marktgleichgewichten bzw. -ungleichgewichten ebenfalls nicht vollständig zu beschreiben.

2.1.5 Implikationen für den „Cash Balance Approach“ einer geschlossenen Volkswirtschaft

Im Mittelpunkt des „cash balance approach“ steht die Hypothese, daß das Preisniveau durch Geldangebot und Geldnachfrage — also monetär — bestimmt wird. Wenn die von den Wirtschaftssubjekten geplanten Größen auch jederzeit realisiert werden sollen und, wie im „cash balance approach“ der Fall, vollständige Voraussicht besteht, kommt der gesamtwirtschaftlichen Budgetrestriktion für die Gültigkeit dieser Hypothese insofern Bedeutung zu, als sie einen Zusammenhang von Marktungleichgewichten aufzeigt und im Falle einer Übereinstimmung von Arbeitsangebot und -nachfrage sich Güter- und Geldmarkt (was Ströme anbelangt) spiegelbildlich verhalten.

Es wurde aber auch deutlich, daß die Existenz der Budgetrestriktion allein nicht ausreicht, um den monetären Charakter des Preisniveaus aufzuzeigen. Hierzu notwendig ist vielmehr zusätzlich die Annahme, daß ein Ungleichgewicht auf dem Gütermarkt durch eine Diskrepanz zwischen angestrebter und tatsächlicher Kassenhaltung *bestimmt* wird.

Im folgenden soll gezeigt werden, daß zur Begründung des monetären Charakters der Zahlungsbilanz darüber hinaus die Annahme getroffen werden muß, daß in- und ausländische Güter vollständig substitutiv sind.

---

[17] Vgl. *H. Herberg* (1975).

2.2 Offene Volkswirtschaft

2.2.1 Einzelwirtschaftliche Budgetrestriktionen

Der Haushaltssektor kann nun sowohl Güter im Inland als auch im Ausland erwerben. Unterstellt man den Fall, daß in der Volkswirtschaft nur ein Gut produziert wird, so gilt:

(1) $$Y^{n}[18] = C_h P + C'_h P' e + (\dot{M})^* P_I$$

(2) $$(\dot{M})^* = \dot{L} = \alpha_M \cdot (k\overline{Y} - \frac{M^n}{P_I})$$

Dabei symbolisieren:

Y^n = nominelles Volkseinkommen

C_h = geplanter Konsum des inländischen Gutes

P = Preis für das inländische Gut

C'_h = geplanter Konsum des ausländischen Gutes

P' = Preis für das ausländische Gut

e = Wechselkurs

P_I = Preisindex

Da nun die Lebenshaltungskosten sowohl durch in- als auch ausländische Güter bestimmt werden, wird das Problem des Preisindexes akut.

Obwohl das Einkommen eine exogene Größe ist, muß der Haushalt nun über 3 Größen entscheiden, wobei eine die *Funktion* einer Restgröße übernimmt. Gesamtkonsum und Horten werden dabei wiederum als voneinander unabhängig betrachtet, wobei der Konsum eine Pufferfunktion einnimmt. Bezüglich des Verhältnisses zwischen C_h und C'_h sind die folgenden Möglichkeiten denkbar:

Einmal können die beiden Güter in den Augen des Wirtschaftssubjektes voneinander unabhängig sein. Eine andere Möglichkeit ist die *technische Komplementarität*. Schließlich ist eine *Substitutionsbeziehung* denkbar. Dabei ist zwischen vollständiger und unvollständiger Substitutivität zu unterscheiden. In letzterem Falle wird die Konsumstruktur durch das Verhältnis zwischen in- und ausländischem Güterpreis bestimmt („terms of trade"). In ersterem Falle wird der Haushalt seine gesamte Güternachfrage auf denjenigen Markt richten, auf dem das Gut am billigsten zu erwerben ist. Sind dagegen die Preise international gleich, wird es ihm gleichgültig sein, ob die Nachfrage durch in- oder ausländische Unternehmungen ge-

---

[18] Es wird von einem konstanten Einkommen ausgegangen.

deckt wird. Ist das inländische Güterangebot kleiner als die Nachfrage, werden die Haushalte aber auf jeden Fall auf das Ausland ausweichen, um Preissteigerungen zu entgehen.

Entscheidend für den „monetary approach“ ist nun gerade diese *vollständige* Substitutivität. Dabei wird davon ausgegangen, daß in jedem Augenblick das Gesetz von der Unterschiedslosigkeit der Preise gilt. Damit entfällt eine Trennung zwischen C'_h und C_h.

Für die Budgetrestriktion der Haushalte folgt nun:

(1–2) $$Y^n = C\,P + (\dot{M})^* P$$

Bei konstantem Sozialprodukt haben die Unternehmungen nun darüber zu entscheiden, welchen Teil sie im Inland und welchen Teil sie im Ausland anbieten wollen. Entscheidend ist dafür das Verhältnis zwischen Weltmarkt- und Binnenmarktpreis, ferner etwaige Präferenzen inländischer Unternehmer bezüglich der Abnehmer.

Für ihre Budgetrestriktion folgt:

(3) $$Y^n = \overset{s}{Y}_h P_h + \overset{s}{Y}_f P_f \cdot e$$

Dabei symbolisieren:

$\overset{s}{Y}_h$ = Angebot auf dem Binnenmarkt

$\overset{s}{Y}_f$ = Angebot auf dem Weltmarkt

P_h = von den Unternehmungen erwarteter Binnenmarktpreis

P_f = von den Unternehmungen erwarteter Exportpreis.

Da im Rahmen des „monetary approach“ unterstellt wird, daß diese Präferenzen fehlen, folgt:

(3–1) $$Y^n = \overline{Y} \cdot P$$

2.2.2 *Die gesamtwirtschaftliche Budgetrestriktion des Inlandes*

Aus der Aggregation einzelwirtschaftlicher Einnahmen und Ausgaben folgt:

(4) $$(\overset{s}{Y}_h P_h - C_h P) + (\overset{s}{Y}_f P_f - C'_h P'_h) = \dot{L}$$

Damit wird deutlich, daß eine Beziehung zu den Angebots- und Nachfragesituationen auf den inländischen Märkten nicht mehr gegeben ist, denn jetzt ist

1. nicht mehr die gesamte Güternachfrage der Haushalte auf das Inland begrenzt,

2. muß auch die Nachfrage bzw. das Angebot der Ausländer berücksichtigt werden.

Ergänzt man die Budgetrestriktion entsprechend, gelangt man zu einer *modifizierten* Budgetrestriktion:

$$(5-1) \qquad (Y_h^s P_h - C_h P_h) + (Y_f^s P_f - C_f P) + (Y_h^{s\prime} P'_h - C'_h P'_h) - (Y_h^{s\prime} P'_h - C_f P_f) = \dot{L}$$

Dabei symbolisieren:

$Y_h^{s\prime}$ = ausländisches Exportangebot

C_f = ausländische Importnachfrage

P'_h = von den ausländischen Unternehmungen erwarteter Absatzpreis (in Inlandswährung)

Neben dem heimischen Gütermarkt sind nun der Export- und der Importmarkt zu berücksichtigen. Schließlich taucht die Differenz zwischen ausländischer Importnachfrage und ausländischem Exportangebot auf. Diese kann als vom Ausland geplante Leistungsbilanz (hier: Zahlungsbilanz) bezeichnet werden.

Herrschen auf heimischem Gütermarkt, Import- und Exportmarkt Gleichgewicht und sind die Erwartungen der Wirtschaftseinheiten identisch, so entspricht die vom Ausland geplante Zahlungsbilanz der vom Inland gewünschten und somit der realisierten.

Wie bereits verdeutlicht, besteht die zentrale Hypothese des „monetary approach" in der *monetär verursachten* Zahlungsbilanz. Dies kann nach obigen Ausführungen folgendermaßen begründet werden:

Sind in- und ausländisches Gut vollständig substitutiv und existiert ein *einheitlicher* Weltmarktpreis, so werden weder Haushalte noch Unternehmungen einen Unterschied zwischen in- und ausländischen Gütern sehen. Ein Exportangebot des Inlands wird bestimmt durch eine positive Differenz zwischen inländischem Güterangebot und inländischer Güternachfrage, umgekehrt eine Importnachfrage des Inlands durch eine negative Differenz.

Unter Berücksichtigung der Hypothese, daß der Konsum durch eine Abweichung der angestrebten von der tatsächlichen Kassenhaltung bestimmt wird, folgt:

Ein *Exportangebot* wird verursacht durch geplantes Horten, eine *Importnachfrage* durch den Wunsch der inländischen Haushalte zu enthorten. Eine Divergenz zwischen inländischem Güterangebot und inländischer Güternachfrage ist gleichbedeutend mit einer vom Inland geplanten unausgeglichenen Zahlungsbilanz, die durch den *„real balance effect“* bestimmt wird.

Maßgeblich für ihre *Realisierbarkeit* ist nun die relative Größe des Landes. Ein *kleines Land* beeinflußt mit ihrem Exportangebot bzw. mit ihrer Importnachfrage den Weltmarkt nicht nennenswert und hat somit keinen Einfluß auf das Weltmarktpreisniveau. Dies hat zur Konsequenz, daß jedes Exportangebot und jede Importnachfrage der kleinen Volkswirtschaft auch realisiert werden kann, und zwar zu konstanten Preisen. Aus der gesamtwirtschaftlichen Budgetrestriktion folgt dann, identische Erwartungen, bzw. „perfect foresight“ für alle vorausgesetzt:

(5–2.1) $$PC^n = CC^n = (\overline{Y} - C) \cdot P'e$$

PC^n symbolisiert den nominellen Zahlungsbilanzsaldo, CC^n den nominellen Leistungsbilanzsaldo.

Ein großes Land hat dagegen einen entscheidenden Anteil am Weltmarkt. Es ist nicht damit zu rechnen, daß das Ausland ohne Preisänderungen jedes Exportangebot absorbiert und umgekehrt jeden inländischen Importwunsch erfüllt. Für die modifizierte Budgetrestriktion folgt nun:

(5–2–2) $$(\overline{Y} - C) \cdot P + (\overline{Y}' - C') \cdot P = (\dot{L} + \dot{L}') \cdot P$$

Dabei symbolisieren:

Y' = ausländisches Sozialprodukt

C' = ausländische reale Konsumnachfrage

$\dot{L}'$ = ausländische Zunahme der Geldnachfrage pro Zeiteinheit

Die linke Seite repräsentiert ein Ungleichgewicht auf dem Weltmarkt. Dies wiederum ist gleichbedeutend mit einer Divergenz zwischen in- und ausländischem Sparen.

Herrscht andererseits Gleichgewicht auf dem Weltmarkt, so entspricht einer positiven inländischen eine negative ausländische Ersparnis. Gleichzeitig stimmen von In- und Ausland geplante Zahlungsbilanzsalden überein.

2.2.3 Zusammenfassende Betrachtung

Der monetäre Charakter der Zahlungsbilanz wird im „cash balance approach“ einer offenen Volkswirtschaft festgelegt durch:

1. die Existenz einer Budgetrestriktion,
2. eine fehlende Substitutionsbeziehung zwischen Konsum und Ersparnis,

3. die Annahme, daß die Einkommensverwendungsentscheidung durch die Ersparnis diktiert wird,
4. die Annahme, daß die Wirtschaftssubjekte sparen (horten), um sukzessive eine Divergenz zwischen angestrebter und aktueller Kassenhaltung abzubauen,
5. die vollständige Substitutionsbeziehung zwischen den international gehandelten Gütern, in Verbindung mit der Hypothese, daß in jedem Augenblick das Gesetz von der Unterschiedslosigkeit der Preise gilt.

Die Existenz der Budgetrestriktion führt dazu, daß bei gegebenem Einkommen nur über den Konsum *oder* die Ersparnis unabhängig entschieden werden kann. Dieses Los fällt annahmegemäß auf die Ersparnis. Sie wird determiniert durch eine Divergenz zwischen angestrebter und tatsächlicher Kassenhaltung. Die Ersparnis ist dabei gleichbedeutend mit einer Zunahme der Geldnachfrage. Als Konsequenz wird der gesamte Konsum durch die Differenz zwischen konstantem Einkommen und der Zunahme der Geldnachfrage, also monetär, bestimmt. In einer *geschlossenen* Volkswirtschaft impliziert das ein Ungleichgewicht auf dem Gütermarkt, dem ein Stromungleichgewicht auf dem Geldmarkt mit umgekehrtem Vorzeichen entspricht. Preisänderungen bauen somit sowohl ein Ungleichgewicht auf dem Gütermarkt als auch ein Stromungleichgewicht auf dem Geldmarkt ab. Stromgleichgewicht auf dem Geldmarkt bedeutet, daß angestrebter und tatsächlicher Kassenbestand übereinstimmen. Dem entspricht ein Bestandsgleichgewicht im monetären Sektor.

In einer *offenen* Volkswirtschaft führt die vollkommene Substitutionsbeziehung zwischen in- und ausländischem Gut dazu, daß eine Divergenz zwischen inländischem Güterangebot und inländischer Nachfrage Güterexporte bzw. -importe hervorruft. Weltmarktgleichgewicht sorgt dafür, daß ein Saldo in der Handels- = Leistungs- = Zahlungsbilanz mit einer Änderung der Geldnachfrage verbunden ist. Horten ist dann durchaus mit konstanten Preisen vereinbar.

C. Das Ein-Sektor-Modell von R. Dornbusch[19]

1. Vorbemerkungen

In B wurde die Begründung dafür geliefert, weshalb ein Saldo der Zahlungsbilanz unter den Annahmen des „cash balance approach“ einer of-

[19] Vgl. *R. Dornbusch* (1973a).

fenen Volkswirtschaft monetär bestimmt wird. Gleichzeitig wurde deutlich, daß Horten (Enthorten) nicht wie einer geschlossenen Volkswirtschaft zwingend Änderungen der Güterpreise induziert und durch diesen Mechanismus die Volkswirtschaft zum stationären Gleichgewicht zurückgeführt wird. Maßgebliche Bedeutung kommt jetzt vielmehr einer unausgeglichenen Zahlungsbilanz zu, und es stellt sich die Frage, ob mit ihr ebenfalls ein Prozeß in Gang gesetzt wird, der angestrebte und tatsächliche Kassenhaltung zum Ausgleich bringt. Diese Frage soll im folgenden im Rahmen des Ein-Sektor-Modells von R. Dornbusch beantwortet werden. Darüber hinaus wird analysiert, welche Konsequenzen sich für die Gültigkeit der Quantitätstheorie dadurch ergeben, daß

— die inländische Volkswirtschaft über einen gemeinsamen Weltmarkt mit dem Ausland verbunden ist,

— Divergenzen zwischen angestrebter und tatsächlicher Kasse nicht sofort und vollständig sondern verzögert abgebaut werden.

Grundlage der Analyse sind Parameteränderungen in Gestalt eines Anstiegs der Geldmenge und einer Abwertung. Dornbusch unterstellt eine große Volkswirtschaft. In der Tat spielt die relative Größe des betrachteten Landes eine bedeutsame Rolle, wenn es um die Autonomie bei der Preisbestimmung geht. Um dies zu verdeutlichen, wird vorab eine kleine offene Volkswirtschaft vorgestellt. Als zusätzliche Parameteränderung wird in diesem Rahmen ein Anstieg des Weltmarktpreises untersucht.

2. Der Fall eines kleinen Landes

2.1 Charakterisierung der Modellstruktur in den einzelnen Betrachtungsperioden

2.1.1 Kurzfristige Betrachtungsperiode

Kurzfristig entscheidet der Haushaltssektor über die Verwendung seines (konstanten) Einkommens. Wie bereits verdeutlicht, ist Sparen dabei gleichbedeutend mit Horten und wird bestimmt durch eine Divergenz zwischen angestrebter und tatsächlicher Kassenhaltung[20].

$$(1) \quad \overline{Y} = C + S$$

$$(2) \quad S = \alpha_M \cdot (M^* - \frac{M^n}{P})$$

$$(3) \quad M^* = k\overline{Y}$$

$$(4) \quad P = \overline{P}' \cdot e$$

[20] Die sich anschließende Argumentation basiert auf realen Größen.

Gleichung 4 beschreibt Güterarbitragegleichgewicht. Annahmegemäß ist das Weltmarktpreisniveau konstant. Wie bereits ausgeführt, kann die kleine Volkswirtschaft jedes inländische Güterangebot auf dem Weltmarkt absetzen und jede inländische Übernachfrage auf dem Weltmarkt decken:

(5) $TC = PC = \alpha_M \cdot (k\overline{Y} - \frac{M^n}{P})$ TC = reale Handelsbilanz
PC = reale Zahlungsbilanz

Angenommen, im Inland wird gehortet, d.h. die Volkswirtschaft *exportiert* Güter. Da im Inland und Ausland unterschiedliche Währungen kursieren, ist eine Einigung darüber notwendig, in welcher Währung die Ausländer ihre Rechnung zu begleichen haben. Wird die ausländische Währung als Zahlungsmittel vereinbart, so werden die inländischen Unternehmer bestrebt sein, die Umsatzerlöse in inländische Währung umzutauschen, da annahmegemäß Devisen keine Anlagealternative darstellen. Wird die Rechnung in inländischer Währung beglichen, so werden ausländische Unternehmer sich diese durch Umtausch ihrer Währung beschaffen. In jedem Falle besteht auf dem Devisenmarkt ein Überangebot. Um den Wechselkurs konstant zu halten, sind die Zentralbanken zur *Intervention* gezwungen. Interveniert die inländische Zentralbank, so wird sie ausländische Währung nachfragen und ihre Käufe mit Einheiten inländischer Währung bezahlen. Damit verbunden ist ein Anstieg der Geldmenge in der betrachteten Volkswirtschaft[21]. Nun wird davon ausgegangen, daß kurzfristig ein Saldo in der Zahlungsbilanz keinen Vermögensakkumulationsprozeß induziert. Damit enthält das Modell faktisch keine echten endogenen Variablen. Bedeutsam ist insbesondere, daß das Preisniveau bei festem Wechselkurs und konstantem Weltpreis sich ebenfalls nicht ändert.

2.1.2 Mittel- und langfristige Betrachtungsperiode

Wie bereits angedeutet, induziert eine unausgeglichene Zahlungsbilanz eine Änderung der nominellen Geldmenge. Da die Zahlungsbilanz Stromgrößen enthält, stellt die mit ihr verbundene Geldmengenänderung ebenfalls eine Flow-Größe dar.

Bezüglich der Quellen der Geldschöpfung wird unterschieden zwischen einer *heimischen* und einer *ausländischen* Komponente. In einer geschlossenen Volkswirtschaft vollzieht sich Geldschöpfung durch Offenmarktpolitik, ein staatliches Budgetdefizit und/oder Änderung der Rechnungsein-

[21] Von der Möglichkeit einer Sterilisierung von Devisenzuflüssen wird im Rahmen des „monetary approach" prinzipiell abgesehen, vgl. dazu Mussa (1974).

heit[22]. Diese Möglichkeiten werden in einer homogenen Größe: $D^n = D \cdot P$ zusammengefaßt (= heimische Komponente). Die ausländische Komponente umfaßt den Bestand an Devisenreserven:

$$M^n = D^n + R^{n'} \cdot e \tag{1}$$

Gleichung 1 kann als Ausdruck für eine vereinfachte Zentralbankbilanz betrachtet werden. M^n ist ein Ausdruck für die umlaufende nominelle Geldmenge; D^n und $R^{n'}e$ spiegeln die Entstehungskomponenten wider. Ist $R^{n'} > 0$, befindet sich das Inland in einer Gläubiger-, für $R^{n'} < 0$ in einer Schuldnerposition. Die Ausführungen Dornbuschs basieren (stillschweigend) auf der Annahme, daß das Inland einen positiven Devisenstand besitzt.

Zahlungsbilanzungleichgewichte induzieren nun eine Änderung des Devisenbestandes im Zeitablauf:

$$\frac{\dot{R}^{n'}}{P'} = \alpha_M \cdot (k\overline{Y} - \frac{D^n + R^{n'} \cdot e}{P' \cdot e} = PC \tag{2}$$

Dem entspricht bei konstantem Güterpreis eine Änderung des *Real*vermögens. Beispielsweise induziert ein Überschuß in der Zahlungsbilanz einen *Geldschöpfungsprozeß*, der zu einem Anstieg der inländischen realen Geldmenge führt. Damit aber wird ein Überschuß der angestrebten über die tatsächliche Kasse sukzessive abgebaut, was wiederum eine Verminderung des Überschusses in der realen Zahlungsbilanz zur Folge hat. Das mittelfristige Systemverhalten wird also durch eine Differentialgleichung 1. Ordnung in $R^{n'}$ charakterisiert, wobei gilt:

$$\frac{\delta \dot{R}^{n'}}{\delta R^{n'}} < 0$$

Das System konvergiert zu einem langfristigen Gleichgewicht, das dadurch gekennzeichnet ist, daß angestrebte und tatsächliche Kasse sich entsprechen.

Vergleicht man das Modell mit dem einer geschlossenen Volkswirtschaft, so wird deutlich, daß nun Geldmarktgleichgewicht nicht mehr durch Preisanpassungen, sondern durch Anpassungen der *nominellen* Geldmenge herbeigeführt werden. Da das Preisniveau eine exogene Größe ist, gilt die Quantitätstheorie nicht mehr.

2.1.3 Effekte einer Abwertung

Eine Abwertung führt zu einem Rückgang der „real balances" und induziert, von einem langfristigen Gleichgewicht ausgehend, ein Horten der In-

[22] Beispielsweise erhält man für einen *alten* 10 DM-Schein zwei *neue*.

länder. Damit verbunden ist ein Überschuß des inländischen Güterangebotes über die inländische Güternachfrage. Warenexporte versetzen die Zahlungsbilanz in eine Überschußposition.

Mittelfristig steigt die reale Geldmenge. Das Portfolioungleichgewicht und damit der Zahlungsbilanzüberschuß werden sukzessive abgebaut. Stationäres Gleichgewicht ist erreicht, wenn gilt:

$$\hat{R}^{n'} = \frac{D}{R'} \cdot \hat{e}^{23}$$

Über eine Wechselkursänderung können somit die wirtschaftspolitischen Träger das Preisniveau beeinflussen. Als Nebeneffekt tritt eine Änderung des Devisenbestandes ein.

2.1.4 *Effekte eines Anstiegs der heimischen Komponente der Geldmenge*

Steigt D^n, so führt das zu einem Überschuß der aktuellen über die angestrebten „real balances"; die Haushalte enthorten, die Zahlungsbialnz gerät in eine Defizitposition.

Damit verbunden ist mittelfristig ein *Devisenabfluß*, der so lange währt, bis das alte Niveau der Geldmenge wieder erreicht ist. Das Preisniveau bleibt stets unverändert. Der einzige Effekt besteht in einem Devisenverlust:

$$\hat{R}^{n'} = -\frac{D}{R'} \cdot \hat{D}^n$$

2.1.5 *Effekte eines Anstiegs des Weltpreisniveaus*

Steigt P', so wird dieser Anstieg in voller Höhe importiert, und zwar sowohl kurz- als auch langfristig. Qualitativ zeigt sich dieselbe Wirkung wie im Falle einer Abwertung. Quantitativ ist der Devisengewinn jedoch höher, da nun nicht allein der Realwert der heimischen Geldmengenkomponente sinkt, sondern auch der des Devisenbestandes:

$$\hat{R}^{n'} = \frac{D+R'}{R'} \hat{P}'$$

---

[23] Einmalige relative Änderuntsraten werden mit dem Symbol "^" gekennzeichnet.

2.1.6 Zusammenfassende Betrachtung: Die Bedeutung des Zusammenhangs von finanz- und realwirtschaftlichem Sektor und der internationalen Verflechtung

2.1.6.1 Konstantes Weltpreisniveau

Der „cash balance approach" einer geschlossenen Volkswirtschaft proklamiert langfristig die *Gültigkeit der Quantitätstheorie*. Im Rahmen eines kleinen Landes ist dagegen bei festen Wechselkursen der Preis der international gehandelten Güter eine *exogene* Größe. Existieren keine Binnengüter, ist auch das Preisniveau exogen; die Quantitätstheorie ist außer Kraft gesetzt, und zwar sowohl kurz- als auch langfristig. Dies beruht auf der Annahme, daß das in der betrachteten Volkswirtschaft produzierte Gut zu dem auf dem Weltmarkt angebotenen in einer vollständigen Substitutionsbeziehung steht und das kleine Land bei konstantem Wechselkurs keinen Einfluß auf die Gestaltung des Weltmarktpreises hat.

Das *stationäre* Gleichgewicht wird charakterisiert durch eine im Zeitablauf konstante reale Geldmenge, der, falls keine Weltinflation herrscht, eine im Zeitablauf konstante nominelle Geldmenge entspricht, wobei die „home component" definitionsgemäß exogen bestimmt wird.

Abweichungen vom stationären Gleichgewicht werden ausgelöst durch ein Portfolioungleichgewicht[24], das zu im Zeitablauf sich ändernden Devisen bei der Zentralbank führt: Horten die Haushalte, steigt die „foreign component" im Zeitablauf und vermindert so die Divergenz zwischen angestrebter und tatsächlicher Kassenhaltung; das System ist stabil.

Für die Wirtschaftspolitik ist von Bedeutung, daß in obigem Modell eine Abwertung kurzfristig *mit Sicherheit* einen Überschuß in der Zahlungsbilanz induziert.

Allerdings hat dieser Überschuß nur vorübergehenden Bestand und vermag keine Steigerung des Sozialprodukts herbeizuführen.

2.1.6.2 Der internationale Preiszusammenhang

In der Literatur findet man im allgemeinen zwei Hypothesen für einen Inflationsimport[25]:

---

[24] Im Sinne einer Divergenz zwischen angstrebtem und tatsächlichem Vermögensniveau.

[25] Vgl. z.B. *J. Roth* (1975), S. 17.

1. *Saldenhypothese:*

Danach ist ein Zahlungsbilanzüberschuß, der eine Erhöhung der Geldmenge induziert, verantwortlich für einen Import von Preissteigerungen; ferner ein Leistungsbilanzüberschuß, der auf dem heimischen Gütermarkt eine Übernachfrage induziert, wobei die Produktionskapazitäten voll ausgelastet sind.

2. *Direkter internationaler Preiszusammenhang:*

Danach schmelzen die Gütermärkte aufgrund einer fast vollkommenen Substitutionsbeziehung zu einem gemeinsamen Weltmarkt zusammen. Die Güterpreise werden somit durch die in- und ausländischen Nachfragekomponenten bestimmt.

Der „monetary approach" geht von einer vollständigen Substitutionsbeziehung zwischen den international gehandelten Gütern aus. Eine Konsequenz davon ist der direkte internationale Preiszusammenhang, der unabhängig von einem Saldo in der Zahlungsbilanz existiert. Voraussetzung ist vielmehr Güterarbitragegleichgewicht, wovon jederzeit ausgegangen wird. Da eine kleine Volkswirtschaft keinen Einfluß auf den Weltmarktpreis hat, wird jeder Anstieg des ausländischen Güterpreises in voller Höhe importiert.

3. Der Fall eines großen Landes

3.1 Charakterisierung der Modellstruktur in den einzelnen Betrachtungsperioden

3.1.1 Kurzfristige Betrachtungsperiode

Eine große Volkswirtschaft nimmt mit ihrem Güterangebot bzw. mit ihrer Güternachfrage maßgeblich Einfluß auf die Weltmarktpreisentwicklung. Hortet das Inland, so ist das gleichbedeutend mit einem Exportangebot des Inlands. Hortet das Ausland, so impliziert das ein Exportangebot des Auslands. Wie bereits angedeutet, wird von einem gemeinsamen Gütermarkt für In- und Ausland ausgegangen (Weltmarkt), auf dem sich ein gemeinsamer Güterpreis herausbildet, wobei von unendlich schneller Preisanpassung ausgegangen wird. Im Gleichgewicht auf dem Weltmarkt entspricht einem inländischen Horten ein ausländisches Enthorten und umgekehrt.

$$\alpha_M \cdot (k\overline{Y} - \frac{M^n}{P'e}) = -\alpha'_{M'} \cdot (k'\overline{Y}' - \frac{M^{n'}}{P'}) \tag{1}$$

Angebot und Nachfrage sind dabei in Einheiten des gehandelten Gutes ausgedrückt. Ebenso wird die Zahlungsbilanz in Einheiten dieses Gutes definiert. Im Gleichgewicht folgt:

(2) $$PC = \alpha_M \cdot (k\overline{Y} - \frac{M^n}{P'e}) = - \alpha'_{M'} \cdot (k'\overline{Y}' - \frac{M^{n'}}{P'})$$

Ein Überschuß (Defizit) in der Zahlungsbilanz wird bestimmt durch ein Horten (Enthorten) des Inlands, dem ein Enthorten (Horten) des Auslands entspricht.

3.1.2 Mittelfristige Betrachtungsperiode[26]

Mittelfristig muß wiederum die mit Ungleichgewichten in der Zahlungsbilanz verbundene Vermögensakkumulation bzw. -dekumulation berücksichtigt werden. Dabei führt ein Zahlungsbilanzungleichgewicht zu einer *Umverteilung* der Weltgeldmenge.

(3) $$M^n = D^n + R^{n'} e$$ [27, 28]

$$M^{n'} = D^{n'} - R^{n'}$$

Annahmegemäß, (was aber keinen Einfluß auf die Analyseergebnisse hat), wird *ausländische* Währung als internationales Zahlungsmittel verwendet.

(4) $$\frac{\dot{R}^{n'}}{P'e} = \alpha_M \cdot (k\overline{Y} - \frac{D^n + R^{n'}e}{P'e})$$

Die Gleichungen 1 und 4 charakterisieren die Dynamik der mittelfristigen Betrachtungsperiode. Das System kann auf eine Differentialgleichung in $R^{n'}$ reduziert werden, indem P' nach $R^{n'}$ aufgelöst wird. Grundlage ist Gleichung 1 unter Berücksichtigung von Gleichung 3.

(1a) $$P' = \frac{\alpha_M \frac{D^n}{e} + \alpha'_{M'} D^{n'}}{\alpha_M k\overline{Y} + \alpha'_{M'} k'\overline{Y}'} + \frac{\alpha_M - \alpha'_{M'}}{\alpha_{M'} k\overline{Y} + \alpha'_{M'} k'\overline{Y}'} R^{n'}$$

Die Abhängigkeit des Weltmarktpreises von den Devisenreserven ist somit nicht eindeutig. Passen die Inländer ihren aktuellen Kassenbestand

---

[26] Eine Stabilitätsanalyse wird von *Dornbusch* nicht vorgenommen.

[27] *Dornbusch* unterscheidet nicht explizit zwischen einer in- und ausländischen Entstehungskomponente.

[28] Im folgenden soll, wie in der Argumentation Dornbuschs impliziert, von einer Gläubigerposition des Inlands ausgegangen werden: $R^{n'} > 0$.

schneller an den angestrebten an als die Ausländer, so induziert ein Zahlungsbilanzüberschuß Inflation und ein Defizit Deflation.

Dies soll am Beispiel eines Überschusses näher verdeutlicht werden: Steigen die Devisenreserven des Inlands, so werden die Haushalte dort weniger sparen; die Nachfrage auf dem Weltmarkt steigt ceteris paribus, und zwar im Ausmaß α_M des realen Devisenbestandsanstiegs. Im Ausland geht dagegen das Geldvermögen zurück; die Ersparnis steigt dort und löst auf dem Weltmarkt ceteris paribus ein Überangebot aus, und zwar im Ausmaß $\alpha'_{M'}$ des realen Devisenverlustes. Ist der inländische Anpassungskoeffizient größer als der ausländische, überwiegt der inflationäre Effekt, im anderen Fall der deflationäre. Sind beide gleich groß, vollzieht sich der Zahlungsbilanzanpassungsprozeß preisneutral.

Berücksichtigt man die Beziehung zwischen Weltmarktpreis und Devisenreserven in Gleichung 4, so folgt für die Reaktion der Zahlungsbilanz auf sich ändernde Devisenbestände:

$$\text{(5)} \qquad \frac{\delta \dot{R}^{n'}}{\delta R^{n}} = \alpha_M \, k\overline{Y} \cdot \frac{\delta P'}{\delta R^{n'}} - \alpha_M$$

Ein Überschuß in der Zahlungsbilanz baut sich auf jeden Fall von selbst ab, wenn der Anpassungsprozeß von Deflation begleitet bzw. preisneutral ist. Herrscht dagegen Inflation, so muß berücksichtigt werden, daß damit ein Rückgang der inländischen „real balances" verbunden ist und somit die Ersparnis steigt[29]. Das wirkt destabilisierend. Notwendig für die Stabilität des Systems ist es, daß dieser Effekt nicht dominiert, m.a.W., es wird gefordert:

$$k\overline{Y} \frac{\delta P'}{\delta R^{n'}} < 1^{30}.$$

3.1.3 *Langfristige Betrachtungsperiode*

Obige Ausführungen machen deutlich, daß ein Gleichgewicht auf dem Weltmarkt mit einer unausgeglichenen Zahlungsbilanz und somit Portfoliogleichgewicht in beiden Ländern verbunden sein kann. Die Folge ist eine *Umverteilung* der *Weltgeldmenge*. Über den „real balance effect" kommt es, Systemstabilität unterstellt, zu einem sukzessiven Abbau der Divergenz zwischen angestrebter und tatsächlicher Kassenhaltung im In- und Ausland.

---

[29] Dieses Ergebnis ist mit der Gläubigerposition des Inlands verbunden. Wäre das Inland Schuldner, würde der Realwert der Verbindlichkeiten mit steigendem P' zurückgehen und ceteris paribus ein Enthorten induzieren.

[30] Dies wird von *Dornbusch* stillschweigend unterstellt.

Langfristig gilt somit:

(1) $$\frac{D^n + R^{n'} \cdot e}{P'e} = k\overline{Y}$$

$$\frac{D^{n'} - R^{n'}}{P'} = k'\overline{Y}'$$

(2) $$\overline{Y} = C$$

$$\overline{Y}' = C'$$

Während in einem kleinen Land der Devisenbestand die einzige endogene Variable darstellt, kommt nun das Weltpreisniveau hinzu.

3.2 Effekte einer exogenen Geldmengenerhöhung im Inland

3.2.1 Kurzfristige Systemreaktion

Steigt im Inland autonom die Geldmenge (ausgedrückt durch dD^n bzw. $\hat{D}^n$), so übersteigt der tatsächliche Geldbestand den angestrebten; die Inländer enthorten, und auf dem Weltmarkt entsteht eine Übernachfrage. Der Weltmarktpreis wird steigen. Damit wiederum ist ein Rückgang der „real balances" im Ausland verbunden; die Ausländer werden horten. Allerdings führt ein Anstieg von P' auch im Inland zu einem Rückgang des Realwertes der Kasse, das Enthorten wird gebremst. Grundlage für eine Präzisierung der Effekte ist das unter 3.1.1 vorgestellte nach D^n differenzierte System. In relativen Änderungsraten folgt[31]:

(1) $$\frac{\hat{P}'}{\hat{D}^n} = \frac{\alpha_M D}{\alpha'_{M'} D' + \alpha_M D + (\alpha_M - \alpha'_{M'}) \cdot R'}$$

Der Zähler gibt den unmittelbaren Anstoßeffekt einer Geldmengenerhöhung im Inland wieder; der Nenner ist ein Ausdruck für den Preisauftrieb dämpfende Rückwirkungen („feedbacks").

Kurzfristig sind die Devisenreserven konstant; die Reaktion des Systems wird durch Änderungen des Weltmarktpreises bestimmt. Ein Vergleich zur geschlossenen Volkswirtschaft liegt nahe: Dort induziert ein Geldmengenanstieg eine Übernachfrage auf dem Gütermarkt, die der Divergenz zwischen tatsächlicher und angestrebter Kasse im Ausmaß der geplanten Anpassung entspricht. Unendlich schnelle Preisanpassung führt zu einer Be-

[31] Ob im folgenden die Systemreaktion in absoluten oder relativen Änderungen formalisiert wird, soll jeweils unter dem Aspekt der Anschaulichkeit entschieden werden.

seitigung dieser Divergenz, was wiederum einen zum Geldmengenanstieg proportionalen Preisanstieg erfordert (Quantitätstheorie). Bei Öffnung der Grenzen ist zu berücksichtigen, daß ein Preisanstieg im Ausland einen Rückgang der Nachfrage auslöst. Damit Weltmarktgleichgewicht erhalten bleibt, ist nun ein zum Anstieg der Geldmenge im Inland *unterproportionaler* Preisanstieg erforderlich.

3.2.2 Mittelfristige Systemreaktion

Da der Weltmarktpreis unterproportional zu D^n steigt, nehmen die „real balances" des Inlands ein höheres Niveau an. Andererseits geht der reale Devisenbestand zurück. Befindet sich das Inland in einer *Gläubigerposition*, so ist also sowohl eine Aktivierung als auch eine Passivierung der Zahlungsbilanz möglich. Hat es dagegen Devisenverbindlichkeiten, gerät die Zahlungsbilanz auf jeden Fall in eine Defizitposition. Wie noch im Rahmen der langfristigen Systemreaktion verdeutlicht werden wird, erfordert Stabilität des langfristigen Gleichgewichts das Entstehen einer passiven Zahlungsbilanz. Als Folge davon sinken das inländische Enthorten und das ausländische Horten. Die Preisreaktion kann sowohl deflatorisch als auch inflatorisch sein; ebenso ist Preiskonstanz denkbar.

3.2.3 Langfristige Systemreaktion

Grundlage ist das unter 3.1.3 vorgestellte langfristige Modell, das nun nach D^n differenziert wird.

Daraus folgt für P' in relativen Änderungsraten:

(1) $$\hat{P}' = \frac{D}{D+D'} \hat{D}^n > 0$$

Für die Änderung der Devisenreserven folgt:

(2) $$\hat{R}^{n'} = \frac{D}{R'} \left(\frac{R'-D'}{D+D'}\right) \hat{D}^n < 0$$

Preisanstieg und *Verlust von Devisenreserven* sind somit die Folge einer Geldmengenerhöhung im Inland. Dabei fällt auch jetzt der Preisanstieg unterproportional zum exogenen Geldmengenanstieg aus. Auch der Devisenverlust fällt nicht so hoch aus, wie der Anstieg von D^n betragen hat.

Dennoch gilt auch jetzt langfristig die Quantitätstheorie, denn neben der exogenen ist die endogene Geldmengenänderung zu berücksichtigen, so daß insgesamt gilt:

$$\hat{M}^n = \frac{D}{D+D}\,\hat{D}^n \qquad (3)$$

Vergleicht man den langfristigen Preiseffekt mit dem kurzfristigen, wird die Bedeutung der relativen Anpassungsgeschwindigkeit der aktuellen an die angestrebte Kasse im Inland und Ausland deutlich:

$$\frac{\hat{P}'}{\hat{D}^{n'}}\,\Big|\,\text{kurzfristig} = \frac{\alpha_M D}{\alpha_M D + \alpha'_{M'} D' + (\alpha_M - \alpha'_{M'})\,R'}$$

Ist diese im Inland größer als im Ausland, so ist kurzfristig der Preisanstieg größer als langfristig, d.h., der Anpassungsprozeß ist von Deflation begleitet.

Weiter ist zu berücksichtigen, daß nun das Inland auch durch eine *ausländische* Geldmengenerhöhung betroffen ist. Zum einen wird es eine Zunahme seiner Devisenreserven erfahren, zum anderen wird ein Preisanstieg eintreten, der kurzfristig dann größer ist als langfristig, wenn der Vermögensanpassungskoeffizient im Inland kleiner ist als im Ausland.

3.3 Effekte einer gleichmäßigen Geldmengenerhöhung im In- und Ausland

3.3.1 Kurzfristige Systemreaktion

Der Geldmengenanstieg induziert nun in beiden Ländern ein Enthorten. Für die den Weltmarkt räumenden Preisänderungen folgt in relativen Änderungsraten:

$$\frac{\hat{P}'}{\hat{D}^n} = \frac{\alpha_M D + \alpha'_{M'} D'}{\alpha_M D + \alpha_{M'} D' + \alpha_M R' - \alpha'_{M'} R'} \qquad (1)$$

$$R = R' = \frac{R^{n'}}{P'} \qquad (2)$$

Proportionalität zwischen Preis- und Geldmengenänderung ist somit gegeben, wenn die Portfolioanpassungsgeschwindigkeit in beiden Ländern gleich ist. Dies kann wie folgt begründet werden: Die primäre Nachfragesteigerung erfolgt im Ausmaß $\alpha_M D + \alpha'_{M'} D'$. Dadurch wird ein Preisanstieg auf dem Weltmarkt induziert. Vernachlässigt man die internationale Verteilung der Weltgeldmenge, so wäre ein Gleichgewicht auf dem Weltmarkt erst wieder hergestellt, wenn die „real balances" im Inland und Ausland auf ihr altes Niveau zurückgekehrt wären. Ein Preisanstieg senkt nun den Realwert der Devisenreserven und die „real balances" im Inland; dem entspricht eine Zunahme der realen Kasse im Ausland, und zwar in demselben Ausmaß. Sind die Anpassungsgeschwindigkeiten in beiden Ländern gleich, bleibt dadurch die Angebots-Nachfragesituation auf dem Weltmarkt unberührt. Ist der inländische Anpassungskoeffizient größer als der ausländische, entsteht ein Überangebot; per Saldo wird P' nur unterproportional zur Weltgeldmenge steigen. Umgekehrt schießt P' über den Geldmengenanstieg hinaus, wenn der ausländische Anpassungskoeffizient den inländischen übersteigt.

3.3.2 Mittelfristige Systemreaktion

Wenn kurzfristig der Weltmarktpreis proportional zur Weltgeldmenge gestiegen ist, hat das Inland auf jeden Fall einen Rückgang seines Realvermögens und das Ausland einen Anstieg zu verzeichnen, m.a.W., die Zahlungsbilanz gerät in eine Überschußposition. Dasselbe trifft zu, wenn der Weltmarktpreis überproportional zu D^n steigt. Aber auch, wenn P' unterproportional steigt, ist mit einem aktiven Saldo der Zahlungsbilanz zu rechnen. Dieses Ergebnis wird entscheidend bestimmt durch den inländischen Besitz von Devisenreserven.

M.a.W., das Land, das Devisen besitzt, erfährt im Falle eines proportionalen Geldmengenanstiegs im In- und Ausland einen *Zahlungsbilanzüberschuß*. Wäre $R^{n'}$ negativ (das Inland hätte Verbindlichkeiten gegenüber dem Ausland), würde die Zahlungsbilanz in ein Defizit abgleiten.

Infolge des Zahlungsbilanzüberschusses steigen die Devisenreserven im Zeitablauf. Damit verbunden kann sowohl Inflation als auch Deflation sein; ersteres dann, wenn die Portfolioanpassungsgeschwindigkeit im Inland größer als im Ausland ist. Dies entspricht dem Falle eines kurzfristig unterproportionalen Preisanstiegs. Der Anpassungsprozeß verläuft preisneutral, wenn die Vermögensanpassungskoeffizienten im In- und Ausland übereinstimmen.

3.3.3 Langfristige Systemreaktion

Angenommen, kurzfristig sei P' proportional zur Geldmenge im In- und Ausland gestiegen. Dies bedeutet zugleich, daß der Zahlungsbilanzanpassungsprozeß nur durch eine *Umverteilung* der Weltgeldmenge charakterisiert wird. Diese ist dann beendet, wenn die „real balances" auf ihr anfängliches Niveau im Inland gestiegen und im Ausland gesunken sind, was einen im Vergleich zum Preisanstieg proportionalen Anstieg der Devisen des Inlands erfordert.

Ist anfänglich der Preisanstieg nur unterproportional ausgefallen, so ist der Zahlungsanpassungsprozeß von Preissteigerungen begleitet, im anderen Fall von Preissenkungen.

Langfristig ergibt sich ein zum Anstieg der Geldmenge im In- und Ausland proportionaler Preisanstieg und ein Anstieg der nominellen Devisenreserven des Inlands.

(1) $$\hat{R}^{n'} = \hat{P}'$$

(2) $$\hat{P} = \hat{D}^{n}$$

3.4 Effekte einer Abwertung

3.4.1 Kurzfristige Systemreaktion

Eine Abwertung hat dieselben Effekte wie eine *Senkung* der Geldmenge.

Ein Anstieg des Wechselkurses führt zu einem *Rückgang* der „real balances" im Inland. Damit verbunden ist eine positive Ersparnis; auf dem Weltmarkt entsteht ein Überangebot, der Weltmarktpreis geht zurück. Dies wiederum induziert im Ausland ein Enthorten und vermindert das inländische Horten.

Für die relative Preisänderung folgt:

(1) $$\frac{\hat{P}'}{\hat{e}} = \frac{\alpha_M D}{\alpha_M D + \alpha'_{M'} D' + (\alpha_M - \alpha'_{M'}) R'}$$

Der Preis *sinkt*, aber unterproportional zum Wechselkurs. Dies ist wiederum eine Folge des mit sinkendem Preis verbundenen ausländischen Enthortens.

3.4.2 Mittelfristige Systemreaktion

Der unterproportionale Preisrückgang hat über D eine Aktivierung der Zahlungsbilanz zur Folge. Andererseits steigt der Realwert eines Devisenbestandes. Nur, wenn das Inland gegenüber dem Ausland Devisenverbindlichkeiten hat, ist eindeutig mit einer Aktivierung der Zahlungsbilanz zu rechnen. Wiederum zeigen die Ergebnisse einer Differentiation des langfristigen Gleichgewichts, daß eine aktive Zahlungsbilanz auch im Falle des Inlands als Gläubiger vorliegen muß. Damit verbunden ist ein Anstieg der

„real balances“. Übersteigt der inländische Anpassungskoeffizient den ausländischen, steigt P' im Zeitablauf. Bei unterstellter Systemstabilität hat das aber per Saldo keinen Rückgang der „real balances“ zur Folge. Übersteigt der ausländische Anpassungskoeffizient den inländischen, so ist der Zahlungsbilanzanpassungsprozeß von Deflation begleitet.

3.4.3 Langfristige Systemreaktion

Für die Preis- und Devisenbestandsänderung folgen:

(1)
$$\hat{P}' = -\frac{D}{D'+D}\cdot\hat{e}$$

(2)
$$\hat{R}^{n'} = -\frac{D\,(R'-D')}{R'\,(D+D')}\,\hat{e} > 0$$

Eine Abwertung ermöglicht zwar einen Gewinn von Devisenreserven, allerdings auf Kosten eines *Anstiegs des Preisniveaus.*

3.5 Zusammenfassende Betrachtung

Die Neoklassik konstatiert für eine *geschlossene* Volkswirtschaft im Rahmen des „cash balance approach“ eine Proportionalität zwischen einmaligen als auch fortgesetzten Geldmengenänderungen und dem Preisniveau. Eine Schlüsselstellung nimmt dabei die unterstellte Verbindung von finanz- und realwirtschaftlichem Sektor aufgrund des „real balance effects“ ein.

Horten impliziert ein Überangebot, Enthorten eine Übernachfrage auf dem Gütermarkt. Gleichgewicht erfordert Proportionalität zwischen Geldmengen- und Preiserhöhung. Bei Öffnung der Grenzen impliziert nun die spezifische Hypothese bezüglich der internationalen Verflechtung, nämlich die vollständige Substitutionsbeziehung zwischen dem im In- und Ausland produzierten Gut, für ein kleines Land, eine Aufhebung der Quantitätstheorie. Es besteht keine Beziehung zwischen *inländischer* Geldmenge und Preisniveau. Dieses wird vielmehr durch den Weltmarkt bestimmt.

Zwar begründet die vollständige Substitutionsbeziehung zwischen den gehandelten Gütern auch im Falle *einer* großen Volkswirtschaft einen für In- und Ausland gemeinsamen Preis; dieser wird aber von der betrachteten Volkswirtschaft mitbestimmt. Horten führt nur dann zu einem Überschuß in der Zahlungsbilanz, wenn dem ein Enthorten im Ausland entspricht und somit Gleichgewicht auf dem Weltmarkt besteht. Im Unterschied zum Fall einer kleinen Volkswirtschaft ist aber nun eine unausgeglichene Zahlungsbilanz mit Preisänderungen verbunden, falls die Vermögensanpassungskoeffizienten im In- und Ausland unterschiedliche Werte aufweisen.

Bedeutsam ist weiter, daß in einem großen Land die Quantitätstheorie gilt, und zwar unabhängig davon, ob nur in einem oder in beiden Volkswirtschaften die heimische Komponente der Geldmenge verändert wird. Allerdings ist die Proportionalität zwischen Preisänderung und Variation der „home component" in ersterem Fall aufgehoben.

D. Die Bedeutung relativer Güterpreise

1. Determinanten der Zahlungsbilanz

Produziert die Volkswirtschaft nur ein Gut und steht dieses zu dem auf dem Weltmarkt gehandelten in einer vollständigen Substitutionsbeziehung, wird ein Saldo in der Zahlungsbilanz allein durch eine Divergenz zwischen angestrebter und tatsächlicher Kassenhaltung bestimmt. Dies gilt, wie im folgenden gezeigt wird, auch dann, wenn die betrachteten Länder zwei Güter produzieren, und zwar unabhängig davon, ob beide oder nur eines davon international gehandelt werden.

Werden zwei Güter produziert, so folgt für den Umsatz der inländischen Unternehmungen:

(1) $$Y^n = Y_1P_1 + Y_2P_2$$ Y_i, i=1,2 bedeutet die Produktion des Gutes i

Da in jedem Augenblick Vollbeschäftigung herrscht, ergibt sich aufgrund der Transformationskurve eine eindeutig bestimmte Angebotsstruktur:

(2) $$\frac{dY_1}{dY_2} = -q$$

In jedem Augenblick entscheidet der Haushalt über ein geplantes Lohneinkommen und dessen Verwendung, wobei neben der Spar- eine Konsumstrukturentscheidung zu treffen ist. Im folgenden wird die Budgetrestriktion als Beziehung zwischen dem Realwert der Mittelentstehung und -verwendung interpretiert, wobei als Deflator der Preis des Gutes 1 verwendet wird[32]. Da Vollbeschäftigung herrscht, soll die Entscheidung bezüglich der Einkommensentstehung vernachlässigt werden.

---

[32] Diese Alternative ist in neoklassischen Ansätzen weitaus gebräuchlicher als die Deflation mit einem Preisindex.

Für das nominelle Einkommen der Haushalte folgt:

(3) $$Y_H^n = Y^n$$

Für das Realeinkommen gilt:

(4) $$Y = Y_1 + qY_2 \qquad \text{mit } \frac{dY_1}{dY_2} = -q$$

Das Realeinkommen ist somit eine Funktion des relativen Güterpreises: Steigt q, d.h., sinkt der Preis desjenigen Gutes, in dessen Einheiten das Realeinkommen ausgedrückt ist, so steigt Y, da nun Gut 2 in Einheiten von Gut 1 höher bewertet ist. Für eine Einheit von Gut 2 erhält man nun mehr Einheiten des Gutes 1 als zuvor.

Für die Budgetrestriktion des Haushaltes folgt:

(5) $$Y = C_1 + qC_2 + S$$

(6) $$S = \alpha_M(kY - \frac{M^n}{P_1})$$

(7) $$C_2 = C_2[\, q, (Y-S)]$$

Für die gesamtwirtschaftliche Budgetrestriktion folgt:

(8) $$(Y_1 - C_1) + q(Y_2 - C_2) = S = \dot{L}$$

(5a) $$C_1 = Y_1 - qC_2 - S$$

Angenommen, beide Güter werden international gehandelt, und es herrsche stets Güterarbitragegleichgewicht. Besteht zugleich für beide Güter Weltmarktgleichgewicht, so folgt offensichtlich für den Saldo der Zahlungsbilanz:

(6−1) $$PC = S$$

Wird z.B. Gut 2 international nicht gehandelt, bedeutet $(Y_2 - C_2)$ ein Ungleichgewicht auf dem Binnengutmarkt und $(Y_1 - C_1)$ einen Saldo in der Zahlungsbilanz, d.h.,

(6−2) $$PC = S - q(Y_2 - C_2)$$

Wenn also Gütermarktungleichgewichte nur verzögert abgebaut werden, dann wird ein Saldo in der Zahlungsbilanz nicht nur durch monetäre sondern auch reale Faktoren beeinflußt. Dies wird jedoch von den Vertretern des monetären Zahlungsbilanzansatzes dadurch negiert, daß sie — der neoklassischen Tradition folgend — davon ausgehen, daß die Güterpreise voll flexibel sind. Damit aber ändert die Existenz eines Binnengutes nichts am monetären Charakter der Zahlungsbilanz.

2. Die wichtigsten Analyseergebnisse des Dornbusch-Ansatzes[33]

Im Mittelpunkt der Beiträge von R. Dornbusch steht die Frage, ob mit einer Abwertung die relativen Preise verändert werden können. Eine Änderung des Wechselkurses hat unmittelbar eine Änderung der realen Geldmenge zur Folge[34]. Damit betrifft seine Analyse die Gültigkeit der Quantitätstheorie und der klassischen Dichotomie. Die wichtigsten Ergebnisse lauten wie folgt:

1. Im Ein-Sektor-Modell war für die Stabilität des Systems von Bedeutung, wie der Weltmarktpreis mit dem sich ändernden Devisenbestand variierte. Nun spielt zusätzlich der relative Güterpreis eine Rolle: Wird nur ein Produkt international gehandelt, steigt der Binnengut- relativ zum Weltmarktpreis, wenn die Devisenreserven des Inlandes zunehmen. Dieser Effekt wirkt destabilisierend, da als Folge die Ersparnis steigt. Dagegen ist die Beziehung zwischen q und $R^{u'}$ nicht eindeutig, wenn beide Güter international gehandelt werden.

2. Eine Abwertung führt im Binnengut-Fall kurzfristig dazu, daß der Binnenmarkt- relativ zum Weltmarktpreis sinkt. Wie indessen die Zahlungsbilanz reagiert, kann nicht eindeutig festgestellt werden. Stabilität erfordert auch jetzt eine Aktivierung. Damit verbunden ist eine Verteuerung des Binnen- relativ zum international gehandleten Gut. Stationäres Gleichgewicht ist erreicht, wenn der relative Preis sein ursprüngliches Niveau wieder erreicht hat und die Zahlungsbilanz ausgeglichen ist.

   Werden beide Güter international gehandelt, so ist nicht eindeutig feststellbar, wie der relative Güterpreis reagiert. Systemstabilität unterstellt, gerät die inländische Zahlungsbilanz in eine Überschußposition.

E. Kritische Würdigung

1. Überblick

Der „cash balance approach" einer offenen Volkswirtschaft wird durch die folgenden Hypothesen charakterisiert:

1. Stationäres Gleichgewicht ist nur mit einer ausgeglichenen Zahlungsbilanz vereinbar.

---

[33] Vgl. *R. Dornbusch* (1973 a und b).

[34] Eine Abwertung wirkt wie eine Geldmengensenkung im Inland.

2. Abweichungen vom stationären Gleichgewicht sind untrennbar verbunden mit einem Saldo in der Zahlungsbilanz. Ursache dafür wiederum ist ein Sparen (Horten) bzw. Entsparen (Enthorten) der Haushalte, um eine Divergenz zwischen angestrebter und tatsächlicher Kassenhaltung sukzessive abzubauen.
3. Der Anpassungsprozeß ist durch Konvergenz zum stationären Gleichgewicht gekennzeichnet, indem mit einem Saldo in der Zahlungsbilanz eine Änderung der *„real balances"* verbunden ist, derzufolge das Portfolioungleichgewicht abgebaut wird.

Die kritische Würdigung umfaßt eine Diskussion dieser „fundamentalen" Hypothesen. Dabei stehen die folgenden Probleme im Mittelpunkt der Diskussion:

1. Begründung einer von *Null verschiedenen* Ersparnis in stationären Modellen, unter der Annahme, daß keine Mengenrestriktionen existieren.
2. Begründung eines *Vermögenseffektes* auf die Ersparnis, dergestalt, daß ein Anstieg der „real balances" zu einem Rückgang der Ersparnis führt.
3. Vereinbarkeit einer von Null verschiedenen Ersparnis mit der kurzfristigen Betrachtungsperiode.

2. Diskussion des „Real Balance Effects" und des Kassenhaltungskoeffizienten

2.1 Vorbemerkungen

Abweichungen vom stationären Gleichgewicht werden im Rahmen des „cash balance approach" einer offenen Volkswirtschaft durch einen Saldo in der Zahlungsbilanz ausgelöst. Verantwortlich dafür ist ein Horten (Enthorten) der Haushalte. Die Konvergenz zum stationären Gleichgewicht wird durch den „real balance effect" gewährleistet: Danach geht eine positive Ersparnis mit steigendem Realwert der Geldmenge zurück. Der Realkasseneffekt basiert auf folgenden Hypothesen:

1. Exogene Geldmengenänderungen induzieren eine Divergenz zwischen angestrebtem und tatsächlichem Kassenbestand.
2. Die Haushalte bauen das damit verbundene Portfolioungleichgewicht sukzessive ab, d.h. es setzt ein *stetiger* Sparprozeß ein.
3. Sowohl Kassenhaltungs- als auch Anpassungskoeffizient sind exogen und konstant.

Der „cash balance approach" fällt in diejenige Kategorie neoklassischer Ansätze, die sich auf eine mikroökonomische Fundierung der jeweiligen Verhaltensfunktionen berufen[35]. Dabei wird das Konzept des repräsentativen Haushalts bzw. der repräsentativen Unternehmung verfolgt. Das einzelwirtschaftliche Verhalten wird entscheidend durch das *Rational*prinzip geprägt:

> „Besitzt ein Individuum bestimmte Zielvorstellungen, so wird es in Wahlsituationen mit alternativen Verhaltensmöglichkeiten und daraus resultierenden unterschiedlichen Handlungsfolgen (Ergebnissen) danach trachten, sich bezüglich seiner Präferenzen optimal zu verhalten[36]".

Diese entscheidungstheoretische Fundierung betrifft nun, wie *Ramser* bemerkt, nicht nur das langfristige Gleichgewicht, sondern auch Abweichungen davon:

> „Verzögerte Anpassung zunächst kann als Argument natürlich nur dann überzeugen, wenn Time-lags entscheidungstheoretisch bzw. rational begründet werden[37]:"

Im folgenden wird gezeigt, daß eine entscheidungstheoretische Fundierung des dem „cash balance approach" zugrundeliegenden Anpassungsprozesses in mikroökonomischen Optimierungsmodellen nicht gefunden werden kann.

Deshalb wird eine alternative Begründung vorgeschlagen, die auf Unterschieden zwischen makroökonomischer Betrachtungsperiode und mikroökonomischer Planungsperiode basiert. Damit wird aber streng genommen das Konzept des repräsentativen Wirtschaftssubjektes durchbrochen.

Im Rahmen des vorgestellten mikroökonomischen Optimierungsmodells wird ferner verdeutlicht, daß ein konstanter Kassenhaltungskoeffizient nur dann „rational" ist, wenn das Präferenzsystem der Wirtschaftssubjekte und die Güterpreise konstant sind.

Argumentationsgrundlage bilden ein Ansatz von *J. Niehans*[38] und ein Ansatz von *D. Patinkin*[39]; besonderes Anliegen beider Autoren ist es, das walrasianische reale System um finanzwirtschaftliche Entscheidungen vor allem der Haushalte zu erweitern.

---

[35] Vgl. *D. Patinkin,* (1965).

[36] *H. Hochgesandt* (1974), S. 12. Gemeint ist aldo die „Zweckrationalität". Zu einem Überblick über verschiedene Rationalitätsbegriffe vgl. *G. Gäfgen* (1963).

[37] *H.J. Ramser, B. Anghern* (1977), S. 4.

[38] Vgl. *J. Niehans* (1974), insbesondere S. 20–36.

[39] Vgl. *D. Patinkin* (1965).

2.2 Determinanten des Kassenhaltungskoeffizienten unter der Annahme, daß neben Geld keine Anlagealternativen existieren

2.2.1 Die Bedeutung des Zahlungsrhythmus'

Nach neoklassischer Vorstellung wird in einer Welt, in der Sicherheit bezüglich der zukünftigen Entwicklung besteht, Kasse deshalb gehalten, weil Einnahmen- und Auszahlungsströme nicht vollständig synchronisiert sind.

> „Cash balances are held because incoming und outgoing payments are not fully synchronized. All those factors which affect the time profile of receipts and expenditures are thus potential determinants of the demand for money ... In the neoclassical tradition of monetary theory, these determinants of the demand for money were usually grouped under the heading of 'payments habits', regarded, at least in a first approximation, as technical and institutional data[40]:"

Damit wird die Geldnachfrage durch zwei Größen bestimmt:

1. durch das Einkommen der Periode,
2. durch Zahlungsgewohnheiten.

Letzteres umfaßt wiederum zwei Determinanten:

1. die zeitliche Verteilung der Güterströme: "Thus groceries are bought every few days, Christmas trees are needed once a year, and the services of an apartment are acquired in a continuous stream[41]".
2. Zahlungsbedingungen: "Thus groceries may be paid at the end of each week, and rent may be due at the beginning of each month" (...)[42].

Im Rahmen der Modellanalysen wird dann allerdings unterstellt, daß Zahlungs- und Gütertransaktionen *simultan* ablaufen.

Niehans und Patinkin[43] bezweifeln nun, daß die Haushalte nicht selbst Einfluß auf das Verhältnis zwischen Ein- und Auszahlungen nehmen können. In einer liberalen Marktwirtschaft gibt es schließlich keine Gesetze, die einen bestimmten Zahlungsrhythmus festlegen. Er ist vielmehr Ergebnis einer *Wahlentscheidung* zwischen heutigem und zukünftigem Konsum und findet seinen Niederschlag in einer bestimmten Ausprägung des Kassenhaltungskoeffizienten.

Die Wahlentscheidung wird dabei im Rahmen der im folgenden skizzierten intertemporalen Optimierungsmodelle gefällt, die vollkommene Voraussicht unterstellen.

---

[40] *J. Niehans* (1978), S. 23.

[41] Ebenda, S. 23.

[42] Ebenda, S. 23.

[43] *D. Patinkin* (1965), S. 78 ff., *J. Niehans*, S. 24 ff..

2.2.2 *Integration der Kassenhaltung in den Nutzenmaximierungsansatz*

Der Haushaltsoptimierungsansatz kann sowohl in Periodenschreibweise als auch in kontinuierlicher Schreibweise formuliert werden. Dabei eröffnen sich für die Periodenanalyse 2 Interpretationsmöglichkeiten, je nachdem, ob alle ökonomischen Transaktionen zu einem bestimmten *Zeitpunkt* ausgeführt werden, oder ob man *Periodendurchschnitte* bildet. Die gewählte Interpretation hat Konsequenzen für die Frage, ob die Transaktionen in Beständen, Strömen oder Bestandsänderungen gemessen werden. In ersterem Fall handelt es sich bekanntermaßen um Bestände und Bestandsänderungen, in letzterem um Ströme.

Im Rahmen einer kontinuierlichen Analyse werden die ökonomischen Transaktionen stets durch Ströme gemessen[44].

Das Problem im Rahmen des Flow-Ansatzes besteht darin, eine Verbindung zwischen der abgeleiteten Ersparnis und dem optimalen Bestand an „real balances" herzustellen. Eine Möglichkeit besteht darin, die Zunahme der Kassenhaltung als *unmittelbar* zu optimierende Variable zu betrachten. Man erhält dann den angestrebten Kassenbestand als Integral. Auf keinen Fall aber ist es in einem solchen Ansatz möglich, die Ersparnis als Divergenz zwischen angestrebter und tatsächlicher Kassenhaltung darzustellen. Für die mikroökonomische Fundierung des "real balance effects„ kommt somit nur ein Ansatz in diskreter Schreibweise in Frage.

Bezüglich der Rolle, die Kasse im Rahmen mikroökonomischer Optimierungsansätze spielt, ist zwischen einem *„indirect utility approach"* und einem *„direkt utility approach"* zu unterscheiden. Erstgenannter[45] kann als neoklassisch i.e.S. bezeichnet werden: Unmittelbaren Nutzen stiftet allein der Konsum von Sachgütern. Kasse dient lediglich dazu, eine bestimmte zeitliche Konsumstruktur zu realisieren. Ein Beispiel für diese Sichtweise liefert der Beitrag von *J. Niehans*.

"No direct utility of money will be postulated; whatever utility money may have will be indirect in nature, reflected from the goods money can buy[46]".

Dagegen wird im Rahmen des „direct utility approach", wie er von *D. Patinkin*[47] und *M. Mussa*[48] vertreten wird, Kasse aufgrund der spezifischen „liquidity services" ein unmittelbarer Nutzen beigemessen:

---

[44] Eine Periodenanalyse führen *J. Niehans* (1978) und *D. Patinkin* (1965) durch, eine kontinuierliche Analyse *M. Mussa* (1978) und *R.J. Barro, H.I. Grossmann* (1976); Barro und Grossmann sehen den optimalen Kassenbestand allerdings als exogen an.

[45] Vgl. *J. Niehans* (1978), S. 20–36.

[46] *J. Niehans* (1978), S. 26.

[47] Vgl. *D. Patinkin* (1965), 2. Auflage, insbes. S. 72–116.

[48] Vgl. *M. Mussa* (1979), insbes. S. 33–103.

"Assume ... that an individual who runs out of cash ... can meet the situation in one of two ways. Either he can default temporarily on any payment that he is called upon to make — a course of action that is assumed to generate some embarrassment for him; or he can replenish his balances by achieving an intra-week redemption ... of the bonds he holds — an action which is assumed to necessitate some extra bother on his part. The security which money balances provide against either of these types of inconvenience is what is assumed to invest them with utility[49]".

Im folgenden wird, in Anlehnung an *Niehans*, zunächst der *„indirect utility approach"* verdeutlicht. Dabei wird vereinfachend unterstellt, dem Haushalt stünde nur *ein* Konsumgut zur Verfügung, und der Planungshorizont erstrecke sich über zwei Planungsperioden (Teilperioden). Ferner wird von einer pekuniären Ertragsrate des Geldes abstrahiert. In Anlehnung an Niehans wird davon ausgegangen, daß die Länge der Teilperioden exogen ist.

Niehans optimiert den *nominellen* Kassenbestand. Von Relevanz für die Haushalte ist nun aber allein die Kaufkraft, die durch das Nominalvermögen repräsentiert wird. Damit liegt es nahe, daß die „real balances" die zu optimierende Größe sind, eine Konzeption, der Niehans in seinem makroökonomischen Modell folgt[50]. Übernimmt man diese in anderen mikroökonomischen Optimierungsansätzen gebräuchliche Annahme[51], so ist zu berücksichtigen, daß eine positive Inflationsrate einen negativen Ertrag auf die Geldhaltung impliziert und somit im Realeinkommen zu berücksichtigen ist[52].

Grundlage des Ansatzes von J. Niehans ist die Hypothese, daß der Haushalt gegenüber bestimmten Zahlungsrhythmen Präferenzen hat. Wenn er die zeitliche Verteilung seiner Konsumausgaben frei variieren kann, müssen seine Präferenzen bezüglich alternativer Ausgabenverteilungen bekannt sein. Sie werden durch die folgende Nutzenfunktion zum Ausdruck gebracht[53]:

(1–1) $U = U(C_1, C_2)$ U = Nutzen

[49] *D. Patinkin* (1965), 2. Auflage, S. 80.

[50] Vgl. *J. Niehans* (1978), S. 200–255.

[51] Vgl. *M. Mussa* (1973), ferner *D. Patinkin* (1965), 2. Auflage: "It is also clear that the efficacy of money balances in providing this security is dependent on their real- and not nominal-value" (S. 80).

[52] Vgl. *St. Turnovsky* (1977), S. 53 ff. Niehans geht in seinem makroökonomischen Modell analog vor, indem er dort definiert: $S = L + \pi M$ bei Vernachlässigung weiterer Anlagen, mit: $S = Y - C - T$ vgl. *J. Niehans* (1978), S. 236.

[53] Hierbei handelt es sich um eine bereits abdiskontierte Nutzenfunktion; vgl. dazu *J. Niehans* (1978), S. 25.

mit:

$$\frac{\partial U}{\partial C_i} > 0; \quad \frac{\partial^2 U}{\partial C_i{}^2} < 0; \qquad i = 1, 2$$

Für die Budgetrestriktionen in den beiden Planungsperioden folgt:

(2) $$\overline{Y}_1^n + M_1 P_1 (1-\pi) = C_1 P_1 + M_2 P_1$$

(3) $$Y_2^n + M_2 P_2 (1-\pi) = C_2 P_2 + M_3 P_2$$

Dabei wird von Niehans im Interesse einer „stationary movement'' gefordert: $M_1 = M_3$. Im folgenden wird der „einfachste'' Fall der Niehans-Analyse unterstellt: $M_1 = M_3 = \overline{M}$.

$\overline{Y}_t^n$ symbolisiert dabei den exogen bestimmten Ressourcenbestand mit $t = 1, 2$; π symbolisiert die Inflationsrate.

Die linke Seite der Budgetrestriktionen repräsentiert die verfügbare Kaufkraft. Sie wird bestimmt durch den exogen gegebenen Ressourcenbestand[54] $\overline{Y}_t^n$, dem verfügbaren Kassenbestand abzüglich des inflationsbe dingten Kaufkraftschwunds. Da Niehans „perfect foresight'' unterstellt, entspricht die erwartete der tatsächlichen Inflationsrate. Anfangs- und Endbestand an Kasse können exogen sein.

Für die Optimalbedingungen folgt:

(4) $$\frac{\partial U}{\partial C_1} = \lambda_1 P_1$$

(5) $$\frac{\partial U}{\partial C_2} = \lambda_2 P_2$$

(6–1) $$\frac{\lambda_2 P_2 - \lambda_1 P_1}{\lambda_2 P_2} = \pi$$

Gleichung 6 repräsentiert die Bedingung für den optimalen realen Kassenbestand. Der Lagrange Multiplikator wird interpretiert als „flow utility of money''.

Für den marginalen Grenznutzen des Geldbestandes folgert Niehans entsprechend:

> ''It is the gain in utility from postponing a dollar's worth of expenditure from one day to the next by holding cash over night[55].''

Im Optimum muß dieser gleich sein den Opportunitätskosten, die unter der Annahme einer abdiskontierten Nutzenfunktion allein in der Inflationsrate zu sehen sind. Unter Berücksichtigung der Optimalbedingungen

[54] Niehans unterstellt eine Tauschwirtschaft.

[55] *J. Niehans* (1978), S. 27.

für den Konsum, entpuppt sich die „stock utility of money" als Differenz zwischen morgigem und heutigem Grenznutzen des Konsums. Bei exogen bestimmter Präferenzstruktur folgt aus obigen Optimalbedingungen der Kassenhaltungskoeffizient als Funktion der Inflationsrate, mit: $\frac{\partial k}{\partial \pi} < 0$.

Für den angestrebten Kassenbestand folgt:

(7) $$M^* = M^*(\underset{+}{\overline{M}}, \underset{-}{\pi})$$

Wird Kasse ein unmittelbarer Nutzen beigemessen[56], ändert sich an den Budgetrestriktionen nichts; jedoch folgt nun für die Nutzenfunktion, $M_1 = M_3 = \overline{M}$, vorausgesetzt:

(1–2) $$U = U(C_1, C_2, M_2)$$

Für die Optimalbedingungen folgt:

(4) $$\frac{\partial U}{\partial C_1} = \lambda_1 P_1$$

(5) $$\frac{\partial U}{\partial C_2} = \lambda_2 P_2$$

(6–2) $$\frac{\lambda_2 P_2 - \lambda_1 P_1}{\lambda_2 P2} = \pi \cdot - \frac{\frac{\partial U}{\partial M_2}}{\frac{\partial U}{\partial C_2}}$$

Die inflationsbedingen Opportunitätskosten der Kassenhaltung werden gegenüber dem „indirect utility approach" um den unmittelbaren Grenznutzen des Geldes vermindert. Ist das Präferenzsystem konstant, so bleibt die Inflationsrate weiterhin die dominierende Determinante des Kassenhaltungskoeffizienten; ferner gilt weiterhin für den angestrebten Kassenbestand: $M^* = M^*(\underset{+}{\overline{M}}, \underset{-}{\pi})$.

Zusammenfassend kann festgehalten werden, daß ein konstanter Kassenhaltungskoeffizient sowohl im Rahmen des „direct utility approach" als auch des „indirect utility approach" nur dann mit einem Rationalverhalten der Haushalte vereinbar ist, wenn keine *Inflation* herrscht und die Präferenzen konstant sind.

Im nächsten Abschnitt wird auf die Möglichkeit eines Portfolioungleichgewichts und auf die Ersparnis eingegangen.

---

[56] Vgl. *D. Patinkin* (1965), 2. Auflage, S. 117 ff.; ferner *M. Mussa* (1973), S. 33 ff.

2.2.3 Mikroökonomisches Optimierungsmodell und Ersparnis

2.2.3.1 Vernachlässigung von Anpassungskosten

Im obigen Periodenansatz wird für jede Planungsperiode ein angestrebter Bestand an „real balances" festgelegt. Übersteigt dieser den aus der Vorperiode übernommenen Bestand, so gilt: $\overline{Y}_t^n - C_t P_t > 0$, d.h., der Haushalt spart in t. Ist er dagegen kleiner als der aus der Vorperiode übernommene Bestand, so entspart er in t. Dabei wird im Rahmen von mikroökonomischen Ansätzen *ohne Mengenrationierung* unterstellt, daß der Haushalt der Auffassung ist, seine Plangrößen stets durchsetzen zu können. Wenn weder Anfangs- noch Endbestand exogen bestimmt werden, ist dann der Kassenbestand jeder Periode eine zu optimierende Größe. Es gilt:

$$S_t = M^*_{t+1} - M^*_t .$$

Aus obigem Periodenansatz wird ferner deutlich, daß der repräsentative Haushalt ein Portfolioungleichgewicht sofort und vollständig beseitigt. Ein stetiger Sparprozeß ist somit nur denkbar, wenn der angestrebte Kassenbestand sich in jeder Periode ändert. Unter Berücksichtigung seiner Bestimmungsfaktoren erfordert dies eine ständige Änderung des Einkommens, Präferenzsystems und/oder der Inflationsrate. Im folgenden soll nun unterstellt werden, Anfangs- und Endbestand seien exogen festgelegt. Der Planungshorizont umfasse 4 Perioden; dann folgt für die Ersparnis:

$$\begin{aligned} S_1 &= M^*_2 - \overline{M} \\ S_2 &= M^*_3 - M^*_2 \\ S_3 &= M^*_4 - M^*_3 \\ S_4 &= \overline{M} - M^*_4 \end{aligned}$$

Die Ersparnis der Periode eins wird bestimmt durch eine Divergenz zwischen angestrebter und tatsächlicher, exogen bestimmter Kassenhaltung. Diese Differenz wird wiederum vollständig in der Periode eins abgebaut. Unterstellt man ein konstantes Präferenzsystem, ferner Vollbeschäftigung, so ist eine Ersparnis in der Periode zwei denkbar, falls die Inflationsrate sich ändert, bzw. M^*_2 von $\overline{M}$ weicht. Vernachlässigt man die Möglichkeit einer sich ändernden Inflationsrate, so erfordert diese Differenz, daß irgendwann im Verlaufe des Anpassungsprozesses gespart bzw. entspart wird. Entscheidend für den genauen Zeitpunkt und die entsprechende Höhe ist bei konstanter Inflationsrate die *Zeitpräferenz*. Da diese in den betrachteten Modellen eine exogene Größe ist, kann die Anpassung der Haushalte an einen exogen gegebenen Vermögensendbestand nicht modellendogen durch einen stetigen Sparprozeß erklärt werden.

Ändert sich allerdings die *Inflationsrate* im Zeitablauf, so ist sowohl unter der Annahme stets endogen bestimmter „real balances" als auch unter der Annahme exogen gegebener Anfangs- und Endbestände ein stetiger Sparprozeß die Folge, da sich mit dem Kassenhaltungskoeffizienten die angestrebte Kassenhaltung ändert.

Ferner ist ein Sparprozeß denkbar, wenn sich die Geldmenge in jeder Periode *exogen* ändert.

Im Rahmen des „cash balances approach" ist die mittelfristige Betrachtungsperiode in der Tat durch eine Akkumulation bzw. Dekumulation von „real balances" gekennzeichnet. Bedeutsam ist aber, daß diese nicht exogen, sondern wiederum durch die *Ersparnis* ausgelöst und in Gang gehalten wird. Damit ist eine verzögerte Anpassung tatsächlich fundamental für die Funktionsweise des „cash balance approach". Niehans begründet einen solchen sukzessiven Abbau einer Differenz zwischen angestrebter und tatsächlicher Kassenhaltung mit der Existenz von Anpassungskosten[57]. Er unterläßt es aber, diese Anpassungskosten in den mikroökonomischen Optimierungsansatz einzubauen. Dies soll deshalb im folgenden nachgeholt werden.

2.2.3.2 Die Bedeutung von Anpassungskosten

Niehans gibt im übrigen keine Erklärung darüber ab, worin diese Anpassungskosten bestehen. Plausibel erscheint die Annahme, daß es sich hierbei um Kosten handelt, die durch den *interpersonellen Übergang* von ökonomischen Objekten bedingt sind. Beispiele dafür wären Maklergebühren; ferner wären Informationskosten denkbar. Zu fragen ist nun, ob Kosten dieser Art bei dem spezifischen „asset" Kasse auftreten. Angenommen, der Haushalt wolle seinen Kassenbestand aufbauen. Wenn eine Verschuldung ausgeschlossen ist, wird er aus dem laufenden Einkommen sparen. In einer Geldwirtschaft fließt dem betrachteten Haushalt dabei das Einkommen in Einheiten des allgemeinen Zahlungsmittels zu. Aufbau der Kassenhaltung induziert also keine spezifischen Transaktionskosten. Man könnte allenfalls Gebühren für das Halten von Girokonten berücksichtigen, die aber in den betrachteten Modellen nicht explizit verdeutlicht sind.

Unabhängig davon stellt sich die Frage, wie Anpassungkosten die *mikroökonomischen Optimalbedingungen* beeinflussen. Angenommen, c_T sei ein Ausdruck für die Kosten, die beim interpersonellen Übergang einer realen

---

[57] Vgl. *J. Niehans* (1978), S. 235.

Vermögenseinheit entstehen. Für die Budgetrestriktionen in $t=1$ und 2 folgt dann[58]:

$$\overline{Y}^n - \pi M_1P_1 = C_1P_1 + (M_2-M_1)\, P_1\, (1+c_T) \qquad \text{Für } M_{t+1}-M_t \neq 0$$

$$\overline{Y}_2^n - \pi M_2P_2 = C_2P_2 + (M_3-M_2)\, P_2\, (1+c_T)$$

Offensichtlich führen Transaktionskosten zu einer Verminderung der Ertragsrate des Geldes bzw. zu einem Anstieg der Opportunitätskosten der Kassenhaltung. Damit aber bestimmen sie den optimalen Bestand an Kassenhaltung:

$$\frac{\lambda_2P_2 - \lambda_1P_1}{\lambda_2P_2} = \pi + \frac{\lambda_1P_1}{\lambda_2P_2}\, c_T$$

$$M^* = M^*(\underset{+}{\overline{M}},\ \underset{-}{\pi},\ c_{\underset{-}{T}})$$

2.2.4 *Parameteränderungen und Implikationen einer Divergenz zwischen mikroökonomischer Planungs- und makroökonomischer Betrachtungsperiode*

Im Rahmen der mikroökonomischen Analyse wurde gezeigt, daß eine Divergenz zwischen M_{t+1} und M_t eine Änderung der Zeitpräferenz, des Einkommens und/oder des Preisniveaus erfordert. Erfolgt diese Änderung in jeder Periode, resultiert daraus ein *stetiger Sparprozeß*; erfolgt sie nur einmalig, so resultiert daraus auch nur eine einmalige Vermögensänderung.

Ebenso resultiert eine einmalige bzw. laufende Vermögensänderung, wenn dem Haushalt Geldgeschenke zuteil werden bzw. die Zentralbank die Kaufkraft einer Geldeinheit exogen ändert[59]. Im Mittelpunkt des Realkasseneffekts steht dagegen die Hypothese, daß einmalige Parameteränderungen einen *stetigen* Sparprozeß in Gang setzen. Eine Begründung soll im folgenden abgeleitet werden:

Portfoliotheoretiker bevorzugen im Rahmen der mikroökonomischen Grundlagen die *Periodenanalyse*, und zwar in der spezifischen Version der *Zeitpunktbetrachtung*. Die Variablen werden dann durch Bestände und Bestandsänderungen gemessen. Dies trägt dem bevorzugten Interesse am Vermögen Rechnung: Entscheidungsvariablen sind die Vermögensalternativen. Die Einkommen stellen lediglich Bestandsänderungen dar. Optimiert werden Bestände. Dementsprechend wird die Ersparnis als derivative Größe betrachtet: Sie repräsentiert die angestrebte Vermögensänderung. Kennzeichnend ist dabei, daß die Periode, innerhalb derer das Portefeuille voll-

---

[58] $M_1 = M_3 = \overline{M}$.

[59] Je nachdem, ob diese Aktionen einmalig oder fortgesetzt erfolgen.

ständig angepaßt werden soll, exogen vorgegeben ist. Im übrigen spaltet Niehans den gesamten Planungshorizont in h Teilperioden auf.

Im Rahmen der makroökonomischen Analyse dominiert dagegen die kontinuierliche Betrachtungsweise, begründbar damit, daß unter Berücksichtigung der unzählig vielen Wirtschaftseinheiten in jedem Augenblick ökonomische Handlungen zu verzeichnen sind. Dies muß allerdings als ein Bruch mit der Hypothese betrachtet werden, die Gesamtwirtschaft werde durch die *repräsentative* Wirtschaftseinheit vertreten; denn streng genommen bedeutet dies, daß z.T. auch alle Haushalte zum selben Zeitpunkt handeln.

Vernachlässigt man diesen Einwand, so kann man unterstellen, daß sich die Gesamtwirtschaft aus Wirtschaftseinheiten zusammensetzt, die sich in der für eine vollständige Vermögensanpassung veranschlagten Periode unterscheiden[60]. Da die makroökonomische Betrachtungsperiode gegen Null geht, ist davon auszugehen, daß sie auf jeden Fall kürzer ist als diejenige, innerhalb derer auch der letzte Haushalt sein Portefeuille angepaßt hat. Für eine von Null verschiedene Ersparnis notwendig ist andererseits, daß es zum betrachteten Zeitpunkt Haushalte gibt, die eine Anpassung vollziehen. Sie dürfen aber nicht die Gesamtheit der Haushalte umfassen. Unter dieser Prämisse divergieren gesamtwirtschaftlich angestrebter und aktueller Geldbestand. Das Ausmaß der Anpassung wird bestimmt durch das Verhältnis zwischen makroökonomischer Betrachtungsperiode und den mikroökonomischen Planungshorizonten[61].

Zusammenfassend kann festgehalten werden, daß

1. der „real balance effect" entscheidend von der Hypothese abhängt, daß die Haushalte Divergenzen zwischen angestrebtem und tatsächlichem Kassenbestand *sukzessive* abbauen,
2. die verzögerte Anpassung aus *mikroökonomischen Optimierungsmodellen* nicht deduzierbar ist, falls die Annahme exogener Planungsperioden beibehalten wird. Vielmehr ist eine Durchbrechung des Prinzips vom repräsentativen Haushalt notwendig, indem unterstellt wird, daß zwischen den Haushalten Unterschiede in der Länge derjenigen Perioden existieren, die einer vollständigen Portefeuilleanpassung zugrunde gelegt werden.

---

[60] Unterstellt man für alle Haushalte identische Teilperioden, wobei die Anpassung zu einem bestimmten *Zeitpunkt* vollzogen werden soll, so impliziert eine makroökonomische Betrachtungsperiode, die kleiner ist, als der Zeitraum, der zur vollständigen Anpassung notwendig ist, daß nicht in jedem Zeitpunkt gespart wird.

[61] Dagegen kann allerdings eingewendet werden, daß die Länge der Periode, innerhalb derer das Portefeuille angepaßt werden soll, ebenfalls eine zu optimierende Größe ist.

2.2.5 Kurzfristiges Gleichgewicht und Ersparnis

Insbesondere Modelle, die dem *Vermögen* erhöhte Aufmerksamkeit widmen, sind dadurch gekennzeichnet, daß sie neben dem dynamischen Grundmodell, das bei Stabilität zum stationären Gleichgewicht führt, ein *kurzfristiges Gleichgewicht* unterstellen, das von *M. Mussa*[62] als *„instantaneous equilibrium"* bezeichnet und folgendermaßen charakterisiert wird:

> "At an instant of time, the economy's stocks of capital and money are given, and the conditions for instantaneous equilibrium require that these stocks of assets be willingly held by households and that the output of consumption goods produced by firms equal the flow of consumption goods which households (and the government) wish to consume[63]."

Es wird somit unterstellt: $\dot{M} = O$.

Die Frage liegt nahe, ob mit diesem kurzfristigen Gleichgewicht überhaupt eine von Null verschiedene Ersparnis vereinbar ist.

Die kurzfristige Betrachtungsperiode kann auf zweierlei Weise interpretiert werden:

1. Es wird weder produziert noch werden Einkommen bezahlt. Das Modell reflektiert lediglich *Plangrößen*, die jedoch in der betrachteten Periode nicht realisiert werden.
2. Es wird produziert, und es werden Einkommen bezahlt.

Wie dem *„monetary approach"* entnommen werden kann, wird die letztgenannte Möglichkeit gewählt. Dann aber ist zu berücksichtigen, daß mit dem Einkommen den Haushalten Geldeinheiten zufließen. In dem Ausmaß, in dem sie horten, bleiben Geldeinheiten in der Kasse liegen. Horten impliziert somit eine angestrebte Zunahme der Kassenhaltung, Enthorten entsprechend eine Abnahme: $S = \dot{L}$.

Charakterisiert man die kurzfristige Betrachtungsperiode dadurch, daß die Ableitung sämtlicher Variablen nach der Zeit gleich Null ist, so ist über die Gleichheit von S und $\dot{L}$ auch eine von Null verschiedene Ersparnis ausgeschlossen. Damit muß, soll kurzfristig überhaupt etwas passieren, die Möglichkeit existieren, daß die Variablen sich im Zeitablauf ändern. Dann aber ist zu fragen, ob eine von Null verschiedene Ersparnis überhaupt mit gesamtwirtschaftlichem Gleichgewicht vereinbar ist.

In dem Umfang, in dem die Haushalte sparen [64], fließen Einkommensteile nicht in den Unternehmungssektor zurück. Unter der Annahme der in-

---

[62] Vgl. *M. Mussa* (1973); bezüglich des „instantaneous equilibrium" S. 108–130.

[63] Ebenda, S. 107.

[64] Entsprechend kann für ein Entsparen argumentiert werden.

ternationalen vollständigen Substitutionsbeziehung der produzierten Güter impliziert dies jedoch keinen Absatzausfall; vielmehr springt das Ausland in die Bresche, vorausgesetzt, der Weltmarkt befindet sich im Gleichgewicht. Bezüglich der Finanzierung seiner Verbindlichkeiten sind nun folgende Alternativen denkbar:

1. Dem Ausland wird ein Zahlungsziel eingeräumt.
2. Die Begleichung der Schulden erfolgt sofort.

Erstgenannte Möglichkeit impliziert die Annahme, daß die Unternehmungen einen Teil der Faktoreinkommen durch Enthorten finanzieren. Nun werden eine Kassenhaltung der Unternehmungen und ein Enthorten explizit nicht berücksichtigt. Die erstgenannte Finanzierungsalternative ist somit streng genommen nicht zulässig.

Erfolgt die Bezahlung sofort, so ist mit einem Anstieg der Geldmenge bereits kurzfristig zu rechnen, wenn die Zentralbank den Einfluß des Devisenzuflusses auf die Geldmenge nicht sterilisiert. Gerade das wird aber von den Anhängern des „monetary approach" ausgeschlossen.

Es kann somit festgehalten werden:

1. Wird kurzfristig eine von Null verschiedene Ersparnis berücksichtigt, so erfordert Gleichgewicht die Berücksichtigung eines Saldos in der Zahlungsbilanz.
2. Mit einem Zahlungsbilanzungleichgewicht entstehen Verbindlichkeiten bzw. Forderungen des Auslandes.

   Damit z.B. unter der Annahme eines Überschusses Faktoreinkommen bezahlt werden können, ist

   — entweder ein Enthorten der Unternehmungen notwendig

   — oder eine Barbezahlung des Auslandes.

Ersteres ist in den Modellen nicht berücksichtigt; letzteres aber impliziert bereits kurzfristig einen Geldmengenzustrom, da von einer Sterilisierung durch die Zentralbank abgesehen wird.

Nun ist die Systemdynamik dadurch charakterisiert, daß infolge des Anstiegs (Rückgangs) der Geldmenge die Ersparnis und somit der Saldo in der Zahlungsbilanz sich ändert. Damit verbunden ist wiederum eine alterierende Geldmengenerhöhung bzw. -senkung. Man könnte sich vorstellen, daß die Haushalte *kurzfristig* ihre Vermögensanpassungsentscheidungen nicht ändern. Die kurzfristige Betrachtungsperiode wäre dann durch einen „lag" in der Vermögensanpassung der Haushalte gekennzeichnet.

Eine Formalisierung dieser Konzeption setzt aber einen *Periodenansatz* voraus, wobei sich die Betrachtung auf eine Periode $t = \tau$ beschränkt.

Unabhängig davon stellt sich die Frage, ob oben unterstellte Vermögensanpassung, insbesondere unter dem Aspekt des neoklassischen Rationalverhaltens, ökonomisch sinnvoll ist, bedeutet sie doch, daß die Haushalte *suboptimale Situationen* präferieren.

Sowohl unter logischen als auch unter ökonomischen Aspekten erweist sich die Unterscheidung zwischen einer kurz- und mittelfristigen Betrachtungsperiode somit als fragwürdig.

III. Neoklassische Ansätze bei flexiblen Wechselkursen

A. Die Kaufkraftparitätentheorie

Im Rahmen einer geschlossenen Volkswirtschaft gehen Neoklassiker davon aus, daß langfristig die relativen Güterpreise im realwirtschaftlichen und die absoluten Güterpreise im finanzwirtschaftlichen Sektor bestimmt werden. Existiert nur Zentralbankgeld als Vermögensanlage, wird die Gültigkeit der Quantitätstheorie konstatiert. Einschränkungen resultieren aus der Existenz verzinslicher Vermögensanlagen[1]. Dagegen gilt die Quantitätstheorie in einer offenen Volkswirtschaft auch dann nicht mehr, wenn keine verzinslichen Vermögensanlagen existieren und es sich um ein kleines Land handelt.

Nach traditioneller neoklassischer Auffassung ist bei flexiblen Wechselkursen sowohl in einer kleinen als auch in einer großen Volkswirtschaft die inländische von der ausländischen Güterpreisentwicklung abgekoppelt. Dies wird begründet mit der *Kaufkraftparitätentheorie* („purchasing power parity"). In ihrer absoluten Version, die auf *G. Cassel*[2] zurückgeht, konstatiert die Kaufkraftparitätentheorie eine Bestimmung des Wechselkurses durch das Verhältnis zwischen in- und ausländischen Güterpreisen. In ihrer relativen Version wird dagegen der Wechselkurs bestimmt gesehen durch die Differenz der Änderungsraten in- und ausländischer Preise.

Unabhängig davon besteht eine lebhafte Auseinandersetzung über die Wahl des Preisindexes: Im Rahmen einer weiten Fassung wird die Gültigkeit der Kaufkraftparität auf einen Preisindex bezogen, der sowohl international gehandelte als auch reine Binnengüter berücksichtigt. Diese weite Fassung wird von *G. Cassel, R. G. Hawtrey* und *G. Haberler* vertreten[3]. Anhänger der engen Fassung beziehen in den Preisindex nur international gehandelte Güter ein. Beispielhaft dafür seien *E.F. Heckscher, A.C. Pigou* und *J. Viner* genannt[4].

---

[1] Vgl. z.B. *D. Patinkin* (1965) und *J. Niehans* (1978).

[2] Vgl. *G. Cassel* (1916).

[3] Vgl. *G. Cassel* (1916), *R.G. Hawtrey* (1950), *G. Haberler* (196??).

[4] Vgl. *E.F. Heckscher* (1930), *A.C. Pigou* (1920, *J. Viner* (1937).

Beide Richtungen unterscheiden sich in der Frage, wie die Kaufkraft realisiert wird: Vertreter der engen Fassung sehen den Wechselkurs als *realwirtschaftliche* Größe an. Bei vollständiger internationaler Substitutivität des international gehandelten Gutes spielt die *Güterarbitrage* eine entscheidende Rolle. Dagegen betrachten die Anhänger der *weiten* Fassung den Wechselkurs als *finanzwirtschaftliche* Größe:

> "Those who advocate the use of traded goods index emphasize the role of commodity arbitrage while those who advocate the broader price index emphasize the role of asset equilibrium as determining the rate of exchange. If the role of the exchange rate is to clear the money market by equanting the PP ("purchasing power") of the various currencies, then the relevant measure should be a consumer price index"[5].

B. Allgemeine Charakterisierung des „Asset Approach“

Einwände gegen die vielfältigen Versionen der Kaufkraftparitätentheorie können sowohl auf theoretischer als auch auf empirischer Basis vorgebracht werden.

Unter theoretischen Gesichtspunkten ist zu bedenken, daß der Kaufkraftparität der Mangel einer Partialbetrachtung anhaftet, und zwar in folgender Hinsicht:

1. Es bleibt eine internationale Verflechtung der Wertpapiermärkte unberücksichtigt.
2. Es wird versäumt, eine Beziehung zwischen den Märkten für international gehandelte Güter und den übrigen Märkten der betrachteten Volkswirtschaft herzustellen.

Insbesondere aber müssen die seit Freigabe des Wechselkurses beobachteten systematischen Abweichungen den Optimismus bezüglich der Gültigkeit der Kaufkraftparität dämpfen[6].

Verstärkt ist man im neoklassischen Lager bemüht, den Wechselkurs in einem makroökonomischen Modell zu bestimmen und nachzuweisen, daß die in der Realität zu beobachtende Wechselkursentwicklung temporäre Abweichungen von einem Trend beschreibt, der durch die Kaufkraftparität bestimmt wird. Ansätze, die dabei den Vermögensmärkten für die Determinanten des Wechselkurses eine überragende Rolle zuordnen, sind unter dem Namen „asset approach“ in die Literatur eingegangen. Gemeinsame Grund-

---

[5] *J.A. Frenkel* (1976), S. 202.

[6] Vgl. *S. Schadler* (1977), *P.J.K. Kouri* und *J.B. de Macedo* (1978).

lage ist die Auffassung, daß die Vermögensbestandsmärkte auf exogene Schocks (meist monetärer Art) schneller reagieren als die Gütermärkte. Dies hat ein kurzfristiges Überschießen des Wechselkurses über den Trend hinaus zur Folge[7]. Mittelfristig setzt dagegen ein Prozeß ein, welcher das System zu einem Gleichgewicht zurückführt, das eine Realisierung der Kaufkraftparität impliziert. Unterschiedliche Auffassungen bestehen allerdings darüber, welche Faktoren die Systemdynamik auslösen. Ferner bestehen Unterschiede hinsichtlich der vertretenen Version der Kaufkraftparität.

In Anbetracht dieser Differenzen erscheint für die folgende Analyse eine Zweiteilung in einen „asset approach" vom Typ A und vom Typ B angebracht[8].

Im Rahmen von *Typ A* wird der Wechselkurs langfristig als realwirtschaftliches Phänomen betrachtet. Damit wird die enge Fassung der Kaufkraftparität vertreten. Ferner gilt bei vollständiger Substitutionsbeziehung zwischen den international gehandelten Gütern die absolute Version. Außerhalb des stationären Gleichgewichts wird der Wechselkurs durch Kapitalbewegungen bestimmt und sorgt für ein Zinsarbitragegleichgewicht. Die Systemdynamik wird dadurch bestimmt, daß die Wirtschaftssubjekte eine Änderung des Wechselkurses erwarten. Darüber hinaus wird teilweise eine verzögerte Güterpreisanpassung berücksichtigt.

Im Rahmen von *Typ B* wird der Wechselkurs sowohl kurz- als auch langfristig als *finanzwirtschaftliches Phänomen* betrachtet, und zwar als relativer Preis von Vermögensanlagen:

> "The asset view takes it for granted that the operation of commodity arbitrage equates the prices of traded goods ..."[9].
>
> "In fact since the exchange rate links the purchasing power values of moneys in the terms of the broad definition of the price level, one may imagine a situation in which all traded goods possess the same price, when expressed in common currency but the exchange rate is in disequilibrium ..."[10].
>
> "If the exchange rate is understood to be the relative price of a domestic and a foreign asset and if the distribution of domestic and foreign assets among countries at any time is fixed, it follows that the exchange rate (as well as the interest rate) is continuously determined so as to produce portfolio balance"[11].

---

[7] Vgl. *S. Schadler* (1977).

[8] Diese Zweiteilung nimmt auch *D.W. Henderson* (1980) vor, allerdings ohne die Bezeichnungen „Typ A" und „Typ B" zu verwenden; vgl. ebenda, S. 156–158.
In der Literatur wird der „asset approach" vom Typ A als Variante des Mundell-Fleming-Ansatzes bezeichnet.

[9] *J.A. Frenkel* (1976), S. 202.

[10] *J.A. Frenkel* (1977), S. 202.

[11] *S. Schadler* (1977), S. 267.

Charakteristisch für den Typ B ist weiter, daß die Gültigkeit der Kaufkraftparität nur bezüglich der relativen Version proklamiert wird, wobei sowohl die weite als auch enge Fassung möglich sind. Die *Aufgabe des Wechselkurses* wird darin gesehen, mit anderen Vermögensrenditen für ein *Gleichgewicht im finanzwirtschaftlichen Sektor* zu sorgen. Ein Devisenmarktungleichgewicht wird allein durch Kapitalbewegungen ausgelöst, die eine Umstrukturierung des gegebenen Vermögens bewerkstelligen sollen und ist somit immer mit einem Bestandsungleichgewicht im finanzwirtschaftlichen Sektor verbunden.

Im Mittelpunkt steht die Hypothese, daß der Wechselkurs kurzfristig die angestrebte und aktuelle Vermögensstruktur in Einklang bringt, wobei das Nominalvermögen weder durch die Ersparnis noch durch kreditfinanzierte Nachfragekomponenten beeinflußt wird. Anders als der „asset approach“ vom Typ A, gehen die Vertreter von Typ B davon aus, daß die kurzfristige Reaktion des Wechselkurses einen dynamischen Prozeß in Gang setzt, der durch *Realvermögensakkumulation bzw. -dekumulation* bestimmt wird. Verantwortlich dafür sind, ein ausgeglichener Staatshaushalt und statische Erwartungen vorausgesetzt, die folgenden Faktoren:

1. eine von Null verschiedene Ersparnis,
2. eine Existenz von Güternachfragebestandteilen, die durch Änderung des Nominalvermögens finanziert werden, womit zugleich eine Änderung des Realvermögens im Zeitablauf verbunden ist.

In einer geschlossenen Volkswirtschaft nehmen in bezug auf den zweiten Faktor Investitionen in Sachkapital eine bedeutende Rolle ein. Bei festen Wechselkursen kommen Leistungs- und Zahlungsbilanzsalden hinzu.

Die Anhänger des „asset approach“ unterstellen im allgemeinen einen konstanten Kapitalstock. Vielmehr kommt einer *unausgeglichenen Leistungsbilanz* eine Schlüsselposition zu, indem jeder Überschuß eine reale Akkumulation und jedes Defizit eine reale Dekumulation von international gehandelten Vermögensanlagen („foreign assets“) zur Folge hat.

Zum Abschluß dieser allgemeinen Charakterisierung soll noch kurz auf die Beziehung zwischen Wechselkurs und Devisenmarkt im Rahmen des „asset approach“ vom Typ A und B eingegangen werden.

Der Wechselkurs ist ein Preis für Fremdwährungseinheiten (Devisen). Damit liegt die Vermutung nahe, daß für seine Bestimmung Devisenangebot und -nachfrage verantwortlich sind. Dies wird auch von den Vertretern des „asset approach“ nicht bestritten[12]. Entscheidend ist aber, daß im Rahmen

---

[12] Vgl. *M.N. Whitman* (1975), S. 516 f.

des „asset approach" vom Typ B kurz- und langfristig und im Rahmen von Typ A kurzfristig ein Devisenmarktungleichgewicht ein Bestandsungleichgewicht im finanzwirtschaftlichen Sektor impliziert. Annahmegemäß reagiert der Wechselkurs darauf unendlich schnell:

> "According to this view, the short-run rate of exchange is determined by short-run stock equilibrium conditions in the asset market"[13].

Der „asset approach" vom Typ A geht davon aus, daß ein Devisenmarktungleichgewicht langfristig durch Güterarbitrageungleichgewicht verursacht wird, falls die international gehandelten Güter vollständig substitutiv sind.

Hinter den von Vertretern des „asset approach" postulierten Determinanten des Wechselkurses steckt somit eine bestimmte Hypothese bezüglich der Bestimmungsgründe für ein Devisenmarktungleichgewicht. Da davon ausgegangen wird, daß der Wechselkurs in jedem Augenblick für Devisenmarktgleichgewicht sorgt, ist im übrigen die „foreign component" der Geldmenge konstant. M^n wird somit wieder vollständig zum Aktionsparameter der Zentralbank.

C. Der „Asset Approach" vom Typ A

1. Überblick über die ausgewählten Ansätze

Der „asset approach" vom Typ A wird von *R. Dornbusch* vertreten. Er verdeutlicht die Grundkonzeption in zwei[14] Ansätzen, welche die folgenden Gemeinsamkeiten aufweisen:

1. Die betrachtete Volkswirtschaft ist klein.
2. Arbeit, international immobil, ist der einzige Produktionsfaktor.
3. Als Vermögensanlagen werden Kasse und ein Wertpapier berücksichtigt, das zu dem auf dem Weltkapitalmarkt angebotenen in einer vollständigen Substitutionsbeziehung steht.
4. Der Staatshaushalt ist ausgeglichen.
5. Der realwirtschaftliche reagiert im Vergleich zum finanzwirtschaftlichen Sektor verzögert.

Unterschiede bestehen in den folgenden Prämissen:

1. Anzahl der in der betrachteten Volkswirtschaft produzierten Güter,

---

[13] *St. Turnovsky* (1981), S. 1.

[14] Vgl. *R. Dornbusch* (1976a) und (1976b).

2. Substitutionsbeziehung zwischen dem im In- und Ausland produzierten und international gehandelten Gut,
3. Erwartungshypothese bezüglich der Wechselkursentwicklung.
4. Anpassungsgeschwindigkeit der Güterpreise. In diesem Zusammenhang geht Dornbusch auch auf die Möglichkeit einer variablen Beschäftigung ein.

Im folgenden sollen beide Ansätze dargestellt werden, wobei jedoch stets an der Vollbeschäftigungsannahme festgehalten wird, da, wie mehrmals betont, im Mittelpunkt dieser Arbeit eine Auseinandersetzung mit der strukturellen Verknüpfung von Märkten steht.

2. Ein Zwei-Sektoren-Modell von R. Dornbusch[15]

2.1 Charakterisierung der Modellstruktur in den einzelnen Betrachtungsperioden

2.1.1 Kurzfristige Betrachtungsperiode

Annahmegemäß werden in der kleinen Volkswirtschaft zwei Güter produziert, von denen *eines* international gehandelt wird und in einer vollständigen Substitutionsbeziehung zu dem auf dem Weltmarkt angebotenen steht. Grundlage für die Portfolioentscheidung der Wirtschaftssubjekte sind inländische Währung und ein international vollständig substitutives Wertpapier („bond“).

Kurzfristig reagieren nur die Finanzmärkte. Es wird die Möglichkeit eines Güterarbitrageungleichgewichts gesehen, ohne daß damit eine Reaktion des Wechselkurses verbunden wäre. Der Preis des Binnengutes wird als kurzfristig konstant erachtet.

Die Portfolioentscheidungen umfassen die optimale Strukturierung eines gegebenen Vermögens. Wie bei festen Wechselkursen werden in- und ausländisches Wertpapier zu einem homogenen Block zusammengefaßt. Grundlage ist die Hypothese, daß in- und ausländische Rendite in jedem Augenblick übereinstimmen. Letztere wird zum einen durch den Weltmarktzins und zum anderen durch die erwartete Wechselkursänderung bestimmt, die Dornbusch mit den Kurssicherungskosten gleichsetzt. Dahinter steckt die Annahme einer funktionierenden Terminmarktspekulation, die dazu führt, daß der Terminkurs für Kontrakte einer bestimmten Fristigkeit gleich dem erwarteten Kassakurs ist[16].

---

[15] Vgl. *R. Dornbusch* (1976a).

[16] Vgl. *J.A. Frenkel* (1976).

(1) $i_B = i' + \epsilon$ i' = laufender Weltmarktzins
ϵ = erwartete Wechselkursveränderung

(2) $i_B = i$[17].

Die Bedeutung der erwarteten Wechselkursänderung bzw. der Kurssicherungskosten kann wie folgt verdeutlicht werden: Der Kauf eines in ausländischer Währung nominierten Wertpapieres erfordert den Erwerb von Devisen, die beim Verkauf der ausländischen Anlage wieder in inländische Währung transferiert werden können. Von zentraler Bedeutung für die Portfolioentscheidungen ist die erwartete Rendite. Sie setzt sich zusammen aus dem Couponeinkommen, bezogen auf den laufenden Kurs, zuzüglich einer erwarteten Kursänderung, ebenfalls bezogen auf den laufenden Kurs. Geht man davon aus, daß keine Kursänderung in ausländischer Währung erwartet wird, ist eine erwartete Ab- bzw. Aufwertung die einzige Determinante der erwarteten Kursentwicklung. Eine erwartete *Abwertung* ist dabei gleichbedeutend mit einem erwarteten *Kursgewinn*, eine erwartete *Aufwertung* mit einem Kursverlust: $\epsilon > 0$ bezeichnet eine erwartete Wechselkurssteigerung, $\epsilon < 0$ einen erwarteten Rückgang. Annahmegemäß sind die Wechselkursänderungserwartungen *adaptiv*[18]:

$$\epsilon = \frac{e^e_{t+1} - e_t}{e_t} \qquad e^e = \text{erwarteter Wechselkurs}$$

$$e^e_{t+1} = \Theta_A e_t + (1 - \Theta_A)\, e_{t-1} \qquad 0 < \Theta_A < 1$$

Dornbuschs Erwartungshypothese liegt eine diskrete Betrachtung zugrunde. Bei Eingliederung in das Gesamtmodell werden die Zeitindizes vernachlässigt, soweit sie auf die laufende Periode bezogen sind.

(3) $$\epsilon = \frac{e^e - e}{e}$$

(4) $$e^e = \Theta_A e + (1 - \Theta_A)\, e_{-1}$$

(3a) $$\epsilon = -(1 - \Theta_A) + (1 - \Theta_A)\, e_{-1}$$

Da das Vermögen kurzfristig annahmegemäß exogen ist, kann nur über eine Vermögensnachfrage unabhängig entschieden werden. Dornbusch be-

[17] Da neben „bonds" keine weiteren verzinslichen Vermögensanlagen berücksichtigt werden, wird der Subindex "B" im folgenden weggelassen.

[18] Diese Erwartungshypothese basiert auf *Ph. Cagan* (1956). Danach wird der erwartete Wert einer Variablen immer dann um einen konstanten Prozentsatz nach oben angepaßt, wenn der laufende aktuelle Wert den für diese Periode erwarteten übersteigt: $\dot{x}^e = \Theta_A (x - x^e)$. Bedeutsam ist dabei die Annahme $0 < \Theta_A < 1$. Obige Erwartungshypothese läßt sich auf einen rekursiven Ansatz zurückführen, wobei t gegen ∞ geht. *Dornbusch* vereinfacht diesen Ansatz durch Beschränkungen der betrachteten Perioden auf $t = 2$.

stimmt die Wertpapiernachfrage als Restgröße. Im Unterschied zu seinen Festkursansatz[19] vernachlässigt er das Vermögen als Argument in der Nachfragefunktion nach Kasse:

(5) $$L = L(\underset{-}{i}, \underset{+}{\overline{Y}})^{20}$$

Annahmegemäß herrscht in jedem Augenblick Geldmarktgleichgewicht:

(6) $$\frac{M^n}{P_N} = L(\underset{-}{i}, \underset{+}{\overline{Y}}) \qquad P_N = \text{Binnengutpreis} = \text{Deflator}$$

Nach Dornbusch[21] ist dabei der inländische Zins verantwortlich für ein Gleichgewicht auf dem Geldmarkt und der Wechselkurs für eine Übereinstimmung von in- und ausländischer Rendite.

Über die Wechselkurserwartungshypothese ist bereits kurzfristig ein dynamisches Systemverhalten zu konstatieren. Davon sieht Dornbusch ab, indem er e_{-1} *konstant* setzt.

2.1.2 Mittelfristige Betrachtungsperiode

Mittelfristig reagieren sowohl die Finanz- als auch die Gütermärkte, ferner wird die Konstanz von e_{-1} aufgegeben. Für den finanzwirtschaftlichen Sektor folgt:

(1) $$\frac{M^n}{P_N} = L(\underset{-}{i}, \underset{+}{\overline{Y}})$$

(2) $$\epsilon = i - i'$$

(3) $$\epsilon = -(1-\Theta_A) + (1-\Theta_A)\, e_{-1};\ 0 < \Theta_A < 1$$

Dabei definiert Dornbusch:

$$\sigma = -\frac{\partial L}{\partial i}\frac{1}{M} > 0$$

Solange eine Wechselkursänderung erwartet wird, ändert sich auch der aktuelle Preis für Devisen, wobei nach Dornbusch für den Umfang dieser Änderung die Erfordernisse des *Zinsarbitragegleichgewichts* verantwortlich sind. Damit verbunden ist eine *Aufhebung der Kaufkraftparitätentheorie*. Die Übereinstimmung von in- und ausländischem Güterpreis wird vielmehr durch Preisanpassung herbeigeführt.

---

[19] Vgl. dazu in dieser Arbeit III.B.2.

[20] *Dornbusch* vernachlässigt eine Abhängigkeit des Realeinkommens vom relativen Güterpreis. Vgl. dagegen III.A.2.2. dieser Arbeit.

[21] Vgl. *R. Dornbusch* (1976a), S. 260 und IV.B.2.2. in dieser Arbeit.

Für den realwirtschaftlichen Sektor folgt:

(4) $P_T = P_T{'}e \qquad P_T$ = Preis des „tradable good"

(5) $$N(\underset{+}{\overline{Y}-\overline{T}}, \underset{+}{q}, \underset{-}{i}, \underset{+}{A_{st}}) = 0; \quad \frac{\partial N}{\partial A_{St}} = 1$$

(6) $$q = \frac{P_T}{P_N}$$

Gleichung 5 ist eine Gleichgewichtsbedingung für den Binnengutmarkt. Die Übernachfrage nach dem Binnengut steigt, wenn das verfügbare Einkommen der Haushalte zunimmt, der relative Preis sich zugunsten des Binnengutes verändert und/oder der Staat seine Nachfrage erhöht. Dabei wird unterstellt, daß die öffentliche Hand keine international gehandelten Güter nachfragt. Ferner steigt die Übernachfrage, wenn der Zinssatz sinkt. Gleichung 5 impliziert zugleich eine unendlich schnelle Anpassungsgeschwindigkeit des Binnengutpreises.

Wie bereits in III. dieser Arbeit verdeutlicht, ist mit einem Gleichgewicht auf dem Binnengutmarkt nur dann eine Übereinstimmung des inländischen Angebots an und der inländischen Nachfrage nach dem „tradable good" verbunden, *wenn nicht gespart wird* und somit die Leistungsbilanz ausgeglichen ist. Über die Ersparnis läßt Dornbusch den Leser im unklaren. Ebenso taucht die Leistungsbilanz im Modell nicht explizit auf[22].

Unter Berücksichtigung der Zinsarbitragegleichgewichtsbedingung und der Erwartungshypothese kann die Gleichgewichtsbedingung für den Geldmarkt als Beziehung zwischen dem Binnengutpreis und dem Wechselkurs sowohl der laufenden als auch der Vorperiode dargestellt werden, für ein gegebenes Sozialprodukt, einen gegebenen Weltzinssatz und eine gegebene Geldmenge:

(7) $$i\,\hat{i} = (1-\Theta_A)(\hat{e}_{-1}-\hat{e}) = \frac{1}{\sigma}\hat{P}_N > 0$$

Ebenso folgt für die Gleichgewichtsbedingung des Gütermarktes:

(8) $$\hat{P}_N = \hat{e} + \frac{\frac{\partial N}{\partial i}(1-\Theta_A)}{\frac{\partial N}{\partial q}q}(\hat{e}_{-1} - \hat{e})$$

---

[22] Nur an einer Stelle bemerkt Dornbusch: "The trade surplus in turn is financed by a capital outflow" (S. 266). Dies wird im Rahmen der kritischen Würdigung des Ansatzes in 2.2. dieser Arbeit näher beleuchtet.

Eingesetzt in die Zinsarbitragegleichgewichtsbedingung, folgt:

$$\text{(7a)} \qquad \frac{\hat{e}}{\hat{e}_{-1}} = \frac{(1-\Theta_A)\,\frac{\partial N}{\partial q}\,q\sigma}{\frac{\partial N}{\partial q}\,q\,[\,1+\sigma\,(1-\Theta_A)\,] - \frac{\partial N}{\partial i}\,(1-\Theta_A)}$$

Die *Systemdynamik* wird bestimmt durch einen *Erwartungsirrtum* der Vermögensanleger. Die Bemühungen, diesen abzubauen, induzieren eine Änderung des Wechselkurses im Zeitablauf. Hinreichende Stabilitätsbedingung ist: $0 < \Theta_A < 1$. Offensichtlich ist das erfüllt, wenn die für t+1 erwartete Wechselkursänderung nur einen Bruchteil des laufend registrierten Erwartungsirrtums ausmacht, die Erwartungen also adaptiv sind. Man bezeichnet diesen Fall auch als *stabilisierende* Spekulation. Dies kann wie folgt begründet werden: Angenommen, ausgehend von einem Gleichgewicht, steige der aktuelle Wechselkurs über den Wert, den die Anleger für die laufende Periode erwartet haben. Infolgedessen passen sie den für die zukünftige Periode prognostizierten Kurs nach oben an. Für die erwartete Wechselkursänderung folgt:

$\epsilon_t = \frac{e^e_{t+1} - e_t}{e_t}$. Wenn $e^e_{t+1} > e_t$ ist, wird eine Abwertung, im Falle von $e^e_{t+1} < e_t$ wird eine Aufwertung erwartet.

Wenn $\Theta_A < 1$ ist, passen die Investoren den erwarteten Wechselkurs nur zu einem Bruchteil an den laufenden an; sie erwarten also eine Aufwertung. Damit verbunden ist ein Anstieg der Attraktivität des inländischen Wertpapieres; ceteris paribus setzt ein Kapitalimport ein, die Zunahme des Wechselkurses wird gebremst.

2.1.3 Langfristige Betrachtungsperiode

Langfristiges Gleichgewicht ist dadurch gekennzeichnet, daß die Wirtschaftssubjekte keine Änderung des Wechselkurses mehr erwarten. Zinsarbitragegleichgewicht impliziert dann die *Identität von in- und ausländischem Zins*:

$$\text{(1)} \qquad i = i'$$

$$\text{(2)} \qquad \frac{M^n}{P_N} = L(\underset{-}{i}, \underset{+}{\overline{Y}})$$

$$\text{(3)} \qquad N(\underset{+}{q}, \underset{-}{i'}, \underset{+}{\overline{Y} - \overline{T}}, \underset{+}{A_{St}}) = 0 \qquad \frac{\partial N}{\partial A_{St}} = 1$$

$$\text{(4)} \qquad q = \frac{P_T}{P_N}$$

(5) $$e = \frac{P_T}{P'_T}$$

Als endogene Variablen sind letztendlich nur P_N und e zu berücksichtigen. Da i' und Y konstant sind, ist ein Gleichgewicht auf dem Gütermarkt nur mit einem *konstanten relativen* Preis vereinbar: $-\hat{q} = \hat{P}_N - \hat{P}'_T - \hat{e} = 0$, wobei P'_T exogen ist.

Nach Dornbusch impliziert ein Gleichgewicht auf dem Binnengutmarkt ein solches auf dem Markt für das international gehandelte Gut im Sinne einer Übereinstimmung von inländischem Angebot und inländischer Nachfrage. Wie aus der gesamtwirtschaftlichen Budgetrestriktion abgeleitet werden kann, setzt dies, bei Vernachlässigung von Zinseinkommen, eine Ersparnis von 0 voraus, falls der Staatshaushalt ausgeglichen ist. Für die Budgetrestriktion der Haushalte folgt nämlich:

$$Y - T - S = C_N + C_T q,$$

für die Budgetrestriktion der Unternehmungen:

$$Y = Y_N + Y_T\, q,$$

für die Budgetrestriktion des Staates:

$$A_{St} - \overline{T} = 0$$

und schließlich für die gesamtwirtschaftliche Budgetrestriktion

$$(Y_N - C_N - A_{St}) + (Y_T - C_T)\, q = S = 0$$

Annahmegemäß sorgt der Wechselkurs dafür, daß in- und ausländischer Preis für das „tradable good" übereinstimmen. Dornbusch geht davon aus, daß langfristig die enge *absolute Version der Kaufkraftparität* realisiert wird.

2.2 Effekte einer Geldmengenerhöhung

2.2.1 Kurzfristige Systemreaktion[23]

Kurzfristig reagieren auf eine Geldmengenänderung lediglich der Wechselkurs und der Zinssatz. Dagegen bleiben die Güterpreise konstant. Für die Änderung des Zinssatzes folgt:

(1) $$\hat{i} = -\frac{1}{\sigma\, i}\hat{M}^n < 0$$

und ferner für die Änderung des Wechselkurses:

[23] Vgl. *R. Dornbusch* (1976a), S. 260.

(2) $$\hat{e} = \frac{1}{\sigma\,(1-\Theta_A)}\,\hat{M}^n > 0$$

Steigt die Geldmenge, so induziert das bei gegebenem Wechselkurs einen *Rückgang des inländischen Zinssatzes*. Damit verbunden ist ein Zinsarbitrageungleichgewicht, es setzt ein *Kapitalexport* ein, der wiederum eine Abwertung auslöst. Diejenige Wechselkursänderung, die notwendig ist, um Zinsarbitragegleichgewicht herzustellen, wird bestimmt durch:

1. die Zinselastizität der Geldnachfrage; ein Indikator dafür ist σ; je höher σ ist, um so kleiner ist die Zinssenkung infolge einer Geldmengenerhöhung und um so kleiner werden auch die begleitenden Kapitalexporte ausfallen;
2. die Elastizität des erwarteten in bezug auf den aktuellen Wechselkurs. Ein Indikator dafür ist Θ_A; je größer diese ist, um so schwächer ist der für auslandische Wertpapiere mit steigendem Wechselkurs erwartete Renditerückgang; um so stärker muß somit der Wechselkurs steigen, um ein Zinsarbitragegleichgewicht zu erhalten.

Da σ und $\Theta_A < 1$ sind, wird die Abwertung prozentual stärker ausfallen als die Geldmengenerhöhung. Anhänger des „asset approach“ sprechen in diesem Fall von einem „overshooting“ des Wechselkurses.

2.2.2 Mittelfristige Systemreaktion

Gestiegener Wechselkurs und gesunkener Zins induzieren auf dem Binnengutmarkt eine *Übernachfrage*, der *Binnengutpreis steigt* und verursacht seinerseits einen Zinsanstieg, der die Attraktivität des inländischen Wertpapieres erhöht. Ceteris paribus wird dadurch eine Aufwertung ausgelöst. Unter Berücksichtigung dieser Preisreaktion folgt die Änderung des Wechselkurses (e_{-1} = const).

(1) $$\frac{\hat{e}}{\hat{M}^n} = \frac{\frac{\partial N}{\partial q}\,q}{\frac{\partial N}{\partial q}\,[\,1+\sigma\,(1-\Theta_A)\,] - \frac{\partial N}{\partial i}\,(1-\Theta_A)} > 0$$

Die Preisreaktion führt somit dazu, daß der Wechselkurs *unterproportional* zur Geldmenge steigt. Für die Änderung des Binnengutpreises folgt:

(2) $$\frac{\hat{P}_N}{\hat{M}^n} = \frac{\frac{\partial N}{\partial q}\,q - \frac{\partial N}{\partial i}\,(1-\Theta_A)}{\frac{\partial N}{\partial q}\,q\,[\,1+\sigma\,(1-\Theta_A)\,] - \frac{\partial N}{\partial i}\,(1-\Theta_A)} > 0$$

Auch der Binnengutpreis steigt unterproportional zur Geldmenge. Insgesamt kommt es zu einem Rückgang des relativen Preises q.

Die Spekulanten haben mit dem kurzfristigen Wechselkursanstieg nicht gerechnet. Infolgedessen passen sie den für die zukünftige Periode erwarteten Wechselkurs nach oben an. Da gilt: $0 < \Theta_A < 1$, ist das gleichbedeutend mit einer *erwarteten Aufwertung*, ϵ wird negativ. Bedingt durch den sukzessiven Abbau des Erwartungsirrtums wird die *Rate der erwarteten Aufwertung im Zeitablauf sinken* und somit die Rendite des ausländischen Wertpapieres steigen; es setzt ein *Kapitalexport* mit begleitender Abwertung ein. Damit verbunden ist ein Anstieg des Binnengutpreises. Systemstabilität fordert allerdings einen im Zeitablauf steigenden relativen Preis.

2.2.3 Langfristige Systemreaktion

Langfristig wird keine Änderung des Wechselkurses mehr erwartet. Für das nach der nominellen Geldmenge differenzierte Modell folgt in relativen Änderungsraten:

(1) $$\hat{M}^n = \hat{P}_N$$

(2) $$\frac{\partial N}{\partial q} q (\hat{P}_T - \hat{P}_N) = 0$$

(3) $$\hat{e} = \hat{P}_T$$

Da in jedem Augenblick Zinsarbitragegleichgewicht herrscht, führt eine *Geldmengenerhöhung* um einen bestimmten Prozentsatz zu einem *proportionalen Anstieg des Binnenpreises und des Wechselkurses*. Die Gleichheit von in- und ausländischem Zins, wobei letzterer eine exogene Größe darstellt, führt somit langfristig zur Gültigkeit der *Quantitätstheorie* in dem Sinne, daß ein Anstieg der Geldmenge um einen bestimmten Prozentsatz eine proportionale Preisänderung auf beiden Märkten zur Folge hat.

2.3 Effekte eines Anstiegs des Weltmarktpreises für das international gehandelte Gut

2.3.1 Mittelfristige Systemreaktion

Da die reale Geldmenge durch den Weltmarktpreis für das „tradable good" nicht beeinflußt wird, ein gegebenes Binnengutpreisniveau vorausgesetzt, hat ein Anstieg von P'_T kurzfristig keine Auswirkungen auf das System.

Mittelfristig wird auf dem Binnengutmarkt eine Übernachfrage ausgelöst, der Binnengutpreis und der Zinssatz steigen. Letzteres wiederum zieht Kapital ins Inland, der Wechselkurs sinkt, wobei das Ausmaß aber nicht unmittelbar durch den Anstieg von P'_T sondern durch die Erfordernisse eines Zinsarbitragegleichgewichts bestimmt wird.

Für e_{-1} = const. folgt:

(1) $$\frac{\hat{e}}{\hat{P}'_T} = \frac{-\dfrac{\partial N}{\partial q}\, q}{\dfrac{\partial N}{\partial q}\, q\, [\,1+\sigma\,(1-\Theta_A)\,] - \dfrac{\partial N}{\partial i}\,(1-\Theta_A)} < 0$$

(2) $$\frac{\hat{P}_N}{\hat{P}'_T} = \frac{\sigma\,(1-\Theta_A)\,\dfrac{\partial N}{\partial q}\, q}{\dfrac{\partial N}{\partial q}\, q\, [\,1+\sigma\,(1-\Theta_A)\,] - \dfrac{\partial N}{\partial i}\,(1-\Theta_A)} > 0$$

Der Wechselkurs geht somit *unterproportional* zum Weltmarktpreisanstieg zurück. Damit verbunden ist ein *Inflationsimport*.

Infolge des Wechselkursrückgangs kommt es unter den Spekulanten zu der Erwartung einer Abwertung, wobei die Rate im Zeitablauf rückläufig ist. Konsequenz davon sind Kapitalimporte, der *Wechselkurs sinkt*, begleitet von einem *Rückgang des Binnengutpreises* und des Zinssatzes.

2.3.2 Langfristige Systemreaktion

Gütermarktgleichgewicht erfordert wiederum einen konstanten relativen Preis:

(1) $$\frac{\partial N}{\partial q}\, q\, (\hat{P}_T - \hat{P}_N) = 0$$

Geldmarktgleichgewicht ist nur vereinbar mit einem konstanten Binnengutpreis:

(2) $$\hat{P}_N = 0$$

Damit findet *langfristig kein Inflationsimport* statt; vielmehr gilt:

(3) $$\hat{e} = -\hat{P}'_T$$

2.4 Effekte eines Zinsanstiegs im Ausland

2.4.1 Kurzfristige Systemreaktion

Steigt der Weltzinssatz, werden die ausländischen Wertpapiere in den Augen der Inländer *attraktiver*, und es setzt ein Kapital*export* ein, der Wechselkurs *steigt*:

(1) $$\hat{e} = \frac{i'}{1-\Theta_A}\,\hat{i}'$$

Der inländische Zins bleibt unverändert.

2.4.2 Mittelfristige Systemreaktion

Der flexible Wechselkurs sorgt zwar für eine Unterbrechung des internationalen Zinszusammenhangs; jedoch induziert die Abwertung eine Umstrukturierung der Güternachfrage zugunsten des Binnengutes, dessen Preis steigt. Damit verbunden ist schließlich doch ein Zinsanstieg.

Die Spekulanten haben darüber hinaus diese Abwertung nicht vollständig antizipiert. Die sukzessive Anpassung der Wechselkurserwartung führt zu $\epsilon > 0$ mit: $\dot{\epsilon} < 0$. M.a.W., *der Wechselkurs steigt im Zeitablauf*, begleitet von *Inflation*.

2.4.3 Langfristige Systemreaktion

Der gestiegene Weltzinssatz impliziert langfristig *ein niedrigeres Niveau der Geldnachfrage*. Damit Gleichgewicht auf dem Geldmarkt erhalten bleibt, ist ein *höherer* Binnengutpreis erforderlich:

(1) $$\hat{P}_N = \sigma\, i\, \hat{i}' > 0$$

Daraus folgt für die Gleichgewichtsbedingung des Gütermarktes

(2) $$\frac{\partial N}{\partial q}\, q\, \hat{e} - \frac{\partial N}{\partial q}\, q\, \sigma\, i\, \hat{i}' + \frac{\partial N}{\partial i}\, i\, \hat{i}' = 0$$

(2a) $$\frac{\hat{e}}{\hat{i}'} = \frac{\frac{\partial N}{\partial q}\, q\, \sigma\, i - \frac{\partial N}{\partial i}\, i}{\frac{\partial N}{\partial q}\, q} > 0$$

Ein exogener Anstieg des Weltzinses wird langfristig vollständig importiert. Er führt im Gegensatz zu einer Geldmengenerhöhung auch zu einer

Änderung des *relativen Güterpreises*, wenn eine Zinselastizität der Güternachfrage unterstellt wird.

2.5 Effekte einer exogenen Änderung des erwarteten Wechselkurses

2.5.1 Kurzfristige Systemreaktion

Anstelle einer Änderung des Weltzinssatzes untersucht R. Dornbusch eine exogene Änderung des erwarteten Wechselkurses. Dabei formuliert er die Erwartungshypothese wie folgt um:

(1) $$e^{e}_{t+1} = \Theta_A e_t + (1-\Theta_A) e_{t-1} - e u$$

u ist ein Ausdruck für sämtliche nicht ökonomisch begründeten Determinanten des erwarteten Wechselkurses. Steigt u, so ist das gleichbedeutend mit einem Rückgang des erwarteten Wechselkurses. Bei gegebenem aktuellen Niveau und bei gegebenem Niveau der Vorperiode ist das gleichbedeutend mit der Erwartung einer Aufwertung. Dieser Fall wird von Dornbusch analysiert.

Steigt u, so sinkt die für das ausländische Wertpapier erwartete Rendite; es setzt ein Kapitalimport ein, der einen Rückgang des aktuellen Wechselkurses zur Folge hat, und zwar im Ausmaß:

(2) $$\hat{e} = - \frac{u}{1-\Theta_A} \hat{u}$$

Da kurzfristig ein Gleichgewicht auf dem Geldmarkt nur mit einem konstanten Zinssatz vereinbar ist, muß auch die Rate der erwarteten Änderung des Wechselkurses unverändert bleiben.

2.5.2 Mittel- und langfristige Systemreaktion

Die Aufwertung induziert auf dem Binnengutmarkt einen Preisrückgang. Infolgedessen sinkt der Zinssatz. Damit verbunden ist ceteris paribus ein Kapitalexport. Unter Berücksichtigung dieses Preiseffektes wird also die Aufwertung geringer ausfallen, e_{-1} = const. vorausgesetzt.

Wenn langfristig in- und ausländischer Zinssatz übereinstimmen sollen, muß der Anpassungsprozeß mit einem steigenden Wechselkurs und steigendem Binnengutpreis verbunden sein.

2.6 Zusammenfassende Betrachtung

In der von Dornbusch unterstellten kleinen Volkswirtschaft gilt langfristig die *Kaufkraftparitätentheorie* in ihrer *engen absoluten* Version. Infolgedessen wird das Inland langfristig von internationalen Güterpreisänderungen nicht beeinflußt.

Da die international gehandelten Wertpapiere vollständig substitutiv sind und keine Änderung des Wechselkurses erwartet wird, kann der Zinssatz bei konstantem Weltniveau als Konstante betrachtet werden. Zinsarbitragegleichgewicht und Kaufkraftparitätentheorie sorgen dann für die *Gültigkeit der Quantitätstheorie*.

Bedeutsam ist nun, daß infolge von exogenen Schocks einmal der finanzwirtschaftliche Sektor schneller als der realwirtschaftliche reagiert und zum anderen *Erwartungsirrtümer* bezüglich des Wechselkurses möglich sind, die nur allmählich abgebaut werden. Dies führt dazu, daß kurz- und mittelfristig Kaufkraftparitätentheorie und Quantitätstheorie außer Kraft gesetzt sind. Vielmehr sorgt der Wechselkurs für Zinsarbitragegleichgewicht, und der Preis für das „tradable good“ paßt sich an das Weltmarktniveau an.

Weltmarktpreiserhöhungen werden somit mittelfristig importiert; es besteht ein *direkter internationaler Preiszusammenhang*. Die Leistungsbilanz spielt dagegen für die Preis- und Wechselkursentwicklung keine Rolle.

Mit steigendem Binnengutpreis verbunden ist allerdings ein zunehmender Zinssatz, der Kapitalimporte und damit eine Aufwertung induziert. Dieser Aufwertungsprozeß hält solange an, wie erwarteter und tatsächlicher Wechselkurs divergieren. Der Abbau des Erwartungsirrtums erfordert eine Aufwertung, die ausreicht, um den inflationären Einfluß des Weltmarktpreises abzufangen.

Ein *Anstieg der Geldmenge* induziert kurzfristig keinen Anstieg des Binnengutpreises, da lediglich der finanzwirtschaftliche Sektor reagiert. Dagegen steigt der Wechselkurs, und zwar überproportional zur Geldmenge, womit ein ebenfalls überproportionaler Anstieg des Preises für das international gehandelte Gut verbunden ist. Mittelfristig wird über Zinssenkung und Wechselkursanstieg auch eine Zunahme des Binnengutpreises ausgelöst, allerdings unterproportional zur Geldmenge. Bedeutsam ist nun, daß der Anpassungsprozeß durch einen Kapitalexport gekennzeichnet ist und somit durch einen Anstieg des Wechselkurses im Zeitablauf, der einen Anstieg des Binnengutpreises im Zeitablauf nach sich zieht.

Ein *Anstieg des Weltzinssatzes* bzw. ein exogener Rückgang des erwarteten Wechselkurses induziert über einen Kapitalexport eine Abwertung; demzufolge steigt der Binnengutpreis und treibt den inländischen Zinssatz in die Höhe; die Abwertung schlägt um in einen Aufwertungsprozeß. Im Falle des ausländischen Zinsanstiegs ist der Prozeß dann beendet, wenn der inländische Zins das Niveau des ausländischen erreicht hat. Dasselbe gilt für den Fall einer erwarteten Abwertung, die exogen begründet ist. Bedeutsam in diesem Zusammenhang ist, daß Renditeänderungen den relativen Güterpreis auch langfristig verändern.

2.7 Kritische Würdigung

2.7.1 Überblick

Analog zu seinen Festkursmodellen geht Dornbusch davon aus, daß in jedem Augenblick Zins- und Güterarbitragegleichgewicht herrschen. Dabei unterstellt er, daß langfristig der Wechselkurs bestimmt wird durch das Verhältnis zwischen in- und ausländischem Preis für das international gehandelte Gut, während kurz- und mittelfristig die *Zinsarbitrage* der Bestimmungsfaktor ist:

> "The view is appropriate to full equilibrium or the 'long run' and is a benchmark from which to judge departures and alternatives. A critical ingredient of this approach is purchasing power parity, in the narrow sense of goods arbitrage for internationally traded goods, so that the exchange rate equates the prices of traded goods in alternative currencies"[24].
>
> "In the short run, the scope for goods arbitrage may be limited ... Exchange rates are determined by interest arbitrage ..."[25].

Ein Nachweis dieser Hypothesen erfordert die *Aufgabe* der Annahme von Zins- und Güterarbitragegleichgewicht. Davon sieht Dornbusch ab. Die Modelldynamik ist beschränkt auf die sukzessive Beseitigung von Erwartungsirrtümern bezüglich des Wechselkurses. Damit aber bleibt die Frage offen, ob der Wechselkurs überhaupt in der Lage ist, für Zins- bzw. Güterarbitragegleichgewicht zu sorgen.

> "Analytical models of course attempt to capture the essential aspects of real economic processes, and it may be that discussion of the implied sequence of events through time may reveal some aspects of the model and its operation that are concealed in the comparative static solution or hidden from view in the equa-

[24] *R. Dornbusch* (1976), S. 256.

[25] Ebenda, S. 260.

tions comprising the model. We are ecouraged to make the attempt by the observation that authors often depart from their formal models in their interpretative comments and focus on one or two key relationships in an attempt to suggest the path of the adjustment process''[26].

In einem ersten Teil der kritischen Würdigung soll die Frage beantwortet werden, ob und wenn ja, unter welchen Bedingungen der Wechselkurs überhaupt in der Lage ist, für Zins- bzw. Güterarbitragegleichgewicht zu sorgen. Grundlage ist dabei die Auffassung, daß der Wechselkurs der Preis für Devisen ist. Er ändert sich immer dann, wenn *Angebot und Nachfrage nach Devisen* sich ändern. Davon gehen, wie bereits erwähnt, auch die Anhänger des „asset approach" aus. Charakteristisch ist aber nun, daß im Rahmen von Typ A bei vollständiger Substitutivität des international gehandelten Gutes kurzfristig ein Devisenmarktungleichgewicht und damit ein Saldo *in der Zahlungsbilanz* mit *Zinsarbitrageungleichgewicht* und *langfristig* mit *Güterarbitrageungleichgewicht* verbunden ist. Dabei wird in jedem Fall eine *unendlich* schnelle Anpassungsgeschwindigkeit des Wechselkurses vorausgesetzt.

Soll also der Wechselkurs für Zinsarbitragegleichgewicht sorgen, ist zunächst nachzuweisen, daß die Leistungsbilanz ausgeglichen ist. Danach ist zu zeigen, daß Kapitalbewegungen ausschließlich durch eine *Divergenz* zwischen in- und ausländischer Vermögensrendite bestimmt werden. Die folgende Analyse basiert auf der Annahme, daß P_T sich an $P'_T e$ anpaßt, eine Hypothese, die durch den sich anschließenden Abschnitt bestätigt wird, in dem es um die Frage geht, ob der Wechselkurs in der Lage ist, für ein *Güterarbitragegleichgewicht* zu sorgen. In diesem Zusammenhang steht die *Realisierbarkeit* von güterarbitragebedingten Importen und Exporten im Mittelpunkt der Analyse. Aus Gründen der Anschaulichkeit sei zunächst unterstellt, es werde nicht gespart. Auf die Rolle der Ersparnis wird abschließend eingegangen.

---

[26] *J.C. Ingram* (1977)

Ingram setzt sich im übrigen ebenfalls kritisch mit dem Dornbusch Ansatz auseinander. Er geht allerdings stets davon aus, daß P_T sich an $P'_T e$ anpaßt: „The prices of *traded* goods immediately rise in proportion to the rise in e." (436). Ferner zieht er die Funktionsfähigkeit des Wechselkurses bei der Herstellung von Zinsarbitragegleichgewicht nicht in Zweifel. Unter diesen Prämissen weist er darauf hin, daß „... this interpretive story of the ... adjustment path relies on assumed differences in the speed of adjustment in different markets. Non-traded goods prices respond more slowly than traded goods prices, and the latter respond a bit later than do asset prices, which are assumed to change instantly." (437)

Bedeutsam ist im übrigen sein Hinweis bezüglich der Rolle der Leistungsbilanz: „Actually the position of the trade balance over the course of the adjustment process is rather obscure." (433)

2.7.2 Kurz- und mittelfristige Determinanten des Wechselkurses unter der Annahme, daß nicht gespart wird

2.7.2.1 Der Saldo der Leistungsbilanz

Wenn das Wertpapier international gehandelt wird, ist davon auszugehen, daß auch *Zinszahlungen* zwischen In- und Ausland fließen. Im Dornbusch-Modell tauchen diese Faktorentgelte allerdings nicht auf. Unterstellt man, daß sie von ihm gänzlich vernachlässigt werden, so entspricht die Handelsbilanz der Leistungsbilanz.

Wenn sich die Volkswirtschaft mit P_T stets an das Weltmarktniveau *anpaßt*, liegt eine Situation vergleichbar mit dem Fall *fester* Wechselkurse vor: Zum Weltpreisniveau wird jedes inländische Überangebot am gehandelten Gut von Ausländern absorbiert, bzw. jede Übernachfrage von Inländern am Weltmarkt gedeckt. Für ein Ungleichgewicht in der Leistungsbilanz gilt folglich:

(1) $$CC = Y_T - C_T q$$

Ferner gilt für die Budgetrestriktion der Haushalte und des Staates:

(2) $$\overline{Y} = \overline{T} + C_N + C_T q$$

(3) $$A_{St} = \overline{T}$$

Schließlich folgt für die gesamtwirtschaftliche Budgetrestriktion:

(4) $$Y_N - A_{St} - C_N = -q\,(Y_T - C_T)$$

Damit wird deutlich, daß einem Gleichgewicht auf dem Binnengutmarkt ein Gleichgewicht auf dem Markt für das international gehandelte Gut entspricht; m.a.W., die Leistungsbilanz ist ausgeglichen, falls P_N in jedem Augenblick für ein Gleichgewicht auf dem Binnengutmarkt sorgt.

Welche Konsequenzen hat es nun, wenn Zinseinkommen zwischen In- und Ausland fließen?

Wenn in- und ausländisches Wertpapier international gehandelt werden, dann ist zu berücksichtigen, daß der *Bestand* an *im Inland emittierten* Wertpapieren und der Umfang an Wertpapieren *im Besitz der Inländer* divergieren können. Für die Verteilung des in- und ausländischen nominellen Wertpapierbestandes zwischen In- und Ausländern folgt:

(1) $B^n = B^n_h + B^n_f$ — B^n = Nominalwert des im Inland emittierten Wertpapierbestandes

(2) $B^{n'} = B^{n'}_f + B^{n'}_h$ — B^n_h = Anteil der Inländer an B^n

(3) $B_H^n = B_h^n + B_h^{n'} e$

B_f^n = Anteil der Ausländer an B^n
$B^{n'}$ = Wert der im Ausland emittierten Wertpapiere (in Auslandswährung)
$B_F^{n'}$ = Anteil der Ausländer an $B^{n'}$
$B_h^{n'}$ = Anteil der Inländer an $B^{n'}$
B_H^n = Wertpapiere der Inländer

Für das Zinseinkommen der Inländer folgt:

(4) $$\frac{B^n - B^n{}_f}{P_N} i + \frac{B_h^{n'} e}{} i',$$

Damit gilt nun für die gesamtwirtschaftliche Budgetrestriktion:

(5) $$(Y_N - A_{St} - C_N) + (Y_T - C_T) q = \frac{B_f^n}{P_N} i - \frac{B_h^{n'} e}{P_N} i'$$

Annahmegemäß sorgt der Binnengutpreis in jedem Augenblick für ein Gleichgewicht auf dem Binnengutmarkt. Damit ist die Existenz einer unausgeglichenen Handelsbilanz an die Existenz eines Saldos zwischen Zinszahlungen an das Ausland und Zinszahlungen vom Ausland gebunden. Gleichzeitig wird deutlich, daß ein Gleichgewicht auf dem Binnengutmarkt dafür sorgt, daß die *Leistungsbilanz* ausgeglichen ist.

2.7.2.2 Determinanten von Kapitalbewegungen

a) Zinsarbitrage- versus Bestandsorientierung

Da die Leistungsbilanz ausgeglichen ist, wird ein Saldo in der Zahlungsbilanz in der Tat allein durch eine unausgeglichene Kapitalbilanz und damit durch *Kapitalbewegungen* bestimmt. Soll der Wechselkurs für Zinsarbitragegleichgewicht sorgen, so impliziert das die Forderung, daß Kapitalimporte und -exporte ausschließlich durch eine *Zinsarbitrage* bestimmt werden.

Tatsächlich dominierte bis in die späten sechziger Jahre die Ansicht, daß Divergenzen zwischen in- und ausländischem Zinssatz ausschlaggebend für den kurzfristigen Kapitalverkehr sind. Grundlage waren *partialanalytische Modelle*, in denen ein Investor vor die Entscheidung gestellt wird, eine Geldsumme in in- oder ausländischen Wertpapieren anzulegen, die als *vollständig* substitutiv erachtet werden[27].

Die Übernahme dieser zinsarbitragebedingten Kapitalbewegungen in makroökonomische Modelle ist vor allem auf *R.A. Mundell*[28] zurückzu-

[27] Vgl. *R.A. Mundell* (1968), Kapitel 18, *M.N. Whitman* (1970).

führen. Mundells Vermögenssektor ist mit dem LM-Modell identisch, m.a.W., der Geldmarkt wird durch die Liquiditätspräferenztheorie charakterisiert. Danach erstrecken sich die Portfolioentscheidungen auf die Strukturierung eines gegebenen Vermögens bezüglich „bonds“ und Kasse bei sicheren Erwartungen. Der inländische Zinssatz sorgt für eine optimale Vermögensstruktur. Diesem Modell fügt Mundell folgende Bestimmungsgleichung für Kapitalbewegungen zu: $FC = FC\,(\underset{+}{i-i'})$, wobei FC einen Nettokapitalimport bezeichnet.

Die Bedeutung von Kapitalbewegungen wird dabei ausschließlich in einem Einfluß auf die Zahlungsbilanz gesehen. Ein Zusammenhang zwischen Kapitalexporten und -importen und der Angebots-Nachfragesituation auf den *nationalen Vermögensmärkten* bleibt dagegen unberücksichtigt.

Insbesondere unter dem Einfluß der Portfoliotheorie von *J. Tobin* und *H.M. Markowitz*[29] entstanden in der Außenwirtschaftstheorie eine Reihe von Beiträgen[30], in denen auf der Grundlage der folgenden Argumente der Mundell'sche Ansatz abgelehnt wurde:

1. Kapitalbewegungen sind bei konstantem Gesamtvermögen und Einkommen Ausdruck eines *Portfolioungleichgewichts*. Grundlage ist die Entscheidung bezüglich der optimalen Strukturierung eines aktuell vorhandenen Vermögensbestandes. Daraus resultiert eine bestimmte *Bestands*-Nachfrage nach alternativen „assets“.

Ist der optimale Bestand einer Vermögensanlage größer (kleiner) als der tatsächliche, reagiert der Anleger mit Käufen (Verkäufen). Der Kauf eines ausländischen Wertpapiers durch Inländer impliziert dabei einen Kapitalexport, der Verkauf eines ausländischen Wertpapiers durch Inländer einen Kapitalimport. Entsprechend stellt der Kauf von inländischen Wertpapieren durch Ausländer einen Kapitalimport und der Verkauf einen Kapitalexport dar.

Bei konstantem Gesamtvermögen und konstantem Einkommen dienen Kapitalbewegungen dazu, Vermögensstrukturungleichgewichte zu beseitigen. Die Entscheidung bezüglich der optimalen Struktur des Vermögensbestandes wird dabei gefällt auf der Basis der erwarteten Renditen und des Risikos. Eine Zinsarbitrage begründet demnach eine bestimmte optimale

---

28 Vgl. *R.A. Mundell* (1968).

29 Vgl. *H.M. Markowitz* (1959), *J. Tobin* (1965).

30 Vgl. *W. Branson* (1968), *P.R. Allen* (1973), *J.E. Floyd* (1969), *R.I. Kinnon, W.E. Oates* (1966), *N. Wallace* (1970), *Th. D. Willet, F. Forte* (1969), *P.J.K. Kouri, M.G. Porter* (1974).

Struktur des Vermögensbestandes. Abweichungen des optimalen vom aktuellen Vermögensbestand induzieren geplante Vermögensumstrukturierungen, die sich auf den Vermögensmärkten in einer Änderung der Nachfrage nach alternativen „assets" niederschlagen. Je nachdem, ob eine sofortige vollständige oder eine sukzessive Anpassung angestrebt wird, stellt die Nachfrageänderung eine Bestandsänderung oder eine Stromgröße dar.

Geplante Vermögensumstrukturierungen umfassen *geplante* Kapitalimporte bzw. -exporte, soweit sie Käufe oder Verkäufe von inländischen Wertpapieren durch Ausländer bzw. Käufe oder Verkäufe von ausländischen Wertpapieren durch Inländer umfassen. Im Falle einer Zinsarbitrage wird also nur dann eine Kapitalbewegung angestrebt, wenn optimaler und tatsächlicher Bestand des Wertpapieres, das vom jeweils anderen Land emittiert wird, divergieren.

Ob und in welchem Umfang eine geplante Vermögensumstrukturierung und damit auch eine Kapitalbewegung realisiert werden kann, hängt nun entscheidend von der *Finanzierbarkeit* ab. Dabei ist zu berücksichtigen, daß unter der Annahme eines konstanten Gesamtvermögens der Aufbau des Bestandes einer Anlagealternative durch den Abbau des Bestandes der anderen Anlage finanziert werden muß. Soweit Wertpapiere angesprochen sind, impliziert das deren Verkauf. Ob ein solcher realisierbar ist, hängt indessen entscheidend von der *Substitutionsbeziehung* zwischen den Anlagemöglichkeiten ab.

Unabhängig davon vermag der Wechselkurs bei ausgeglichener Leistungsbilanz nur dann für ein Zinsarbitragegleichgewicht zu sorgen, wenn die Kapitalbewegungen auch *allein* durch die Zinsarbitrage bestimmt werden. Dies streiten die Vertreter bestandsanpassungsorientierter Kapitalbewegungen ab: „Portfolio theory postulates that demands for assets are demands for stocks rather than flows and that these stock demands depend not only on the relative rates of return but also on the size of the total portfolio"[31].

Zusammenfassend kann festgehalten werden, daß nach dem bestandsorientierten Ansatz eine Zinsarbitrage nur dann allein entscheidend für Kapitalbewegungen ist, wenn

1. das gesamte Realvermögen und das Realeinkommen konstant sind,
2. eine internationale Zinsdifferenz immer eine Divergenz zwischen angestrebtem und tatsächlichem Bestand des ausländischen Wertpapieres umfaßt,

---

[31] *P. Allen* (1973), S. 135.

3. eine Finanzierung der Käufe von ausländischen Wertpapieren gewährleistet ist.

Im Dornbusch-Modell wird der finanzwirtschaftliche Sektor durch den Geldmarkt und die Zinsarbitragegleichgewichtsbedingungen charakterisiert. Die Geldnachfragefunktion hat dabei dasselbe Aussehen, wie die der *keynesianischen* Theorie zugrunde liegende. Danach entscheiden die Haushalte über die Struktur eines gegebenen Vermögens auf der Grundlage von *sicheren Erwartungen*. Als Konsequenz davon wird ausschließlich diejenige Vermögensanlage gehalten, die den höchsten erwarteten Ertrag abwirft. Zinssätze sind also maßgebend für die Bestandsnachfragen.

Im Rahmen einer *geschlossenen* Volkswirtschaft beschränkt sich die Entscheidung auf Kasse und ein festverzinsliches Wertpapier. Grundlegend ist nun die Annahme, daß jeder Haushalt die Vorstellung von einem *„kritischen“* Zins hat[32], bei dem eine Anlage des Vermögens in Wertpapieren weder Gewinne noch Verluste bringt. Übersteigt der tatsächliche den kritischen Zins, rechnet das Wirtschaftssubjekt mit Kursgewinnen und wird nur Wertpapiere, im umgekehrten Falle nur Kasse halten wollen. Die angestrebten Bestände sind dabei identisch mit der Nachfrage nach „assets“. Dahinter steckt die Hypothese, daß Divergenzen zwischen angestrebten und tatsächlichen Beständen in einem Zug beseitigt werden sollen. Sichere Erwartungen führen dazu, daß jeder Haushalt lediglich einen kritischen Zinssatz berücksichtigt. Dabei können verschiedene Haushalte unterschiedliche Vorstellungen bezüglich des kritischen Zinssatzes haben. Daraus folgt: Bei alternativen tatsächlichen Zinssätzen wird es sowohl Haushalte geben, die mit Kursverlusten rechnen und solche, die Kurssteigerungen erwarten. Eine Ausnahme bilden der sogenannte klassische Bereich und die Liquiditätsfalle.

In einer *offenen* Volkswirtschaft bleibt die Entscheidung über die optimale Vermögensstruktur eine Entscheidung zwischen Kasse und Wertpapieren als ganzes, falls vollständige internationale Substitutivität besteht. Wenn eine Zinsdifferenz besteht, werden die Haushalte nur dasjenige Wertpapier in ihr Kalkül einbeziehen, das die höhere Rendite abwirft; m.a.W., die Zinsarbitrage bestimmt die optimale *Vermögensstruktur*.

Die obigen Überlegungen machen deutlich, daß die von Dornbusch verwendete Geldnachfrage aufgrund der dahinter verborgenen Portfolioüberlegungen die Verwendung des *bestandsorientierten* Ansatzes nahelegen.

Im folgenden wird ein Ansatz vorgestellt, der von den Portfolioentscheidungen des Dornbusch-Modells ausgeht, aber Zinsarbitrageungleichge-

---

32 Vgl. *H.J. Jarchow* (1978), S. 80–104.

wicht unterstellt. Auf der Grundlage dieser Prämisse werden bestandsanpassungsorientierte Kapitalbewegungen abgeleitet, die wiederum die Basis für die Beantwortung der Frage liefern, inwieweit der Wechselkurs in der Lage ist, vollständig für Zinsarbitragegleichgewicht zu sorgen.

Da Vermögensumstrukturierungen sowohl eine vollständige als auch eine sukzessive Anpassung implizieren können, sind sowohl *„one-shot capital movements"* als auch *„flow capital movements"* möglich. Um die Problematik des Stock-Flow-Zusammenhangs zu vermeiden und um das Systemverhalten im Ungleichgewicht hinreichend verdeutlichen zu können, wird von einer *verzögerten* Anpassung ausgegangen. Eine Begründung dafür wäre in einem mikroökonomischen Optimierungsmodell zu suchen. Geht man, wie im Rahmen des „cash balance approach" dargelegt, davon aus, daß es für den einzelnen Haushalt vorteilhaft ist, sein optimales Portefeuille sofort zu realisieren, kann dennoch von einer makroökonomisch unvollständigen Anpassung ausgegangen werden, wenn die gesamtwirtschaftliche Betrachtungsperiode von den interpersonell unterschiedlichen mikroökonomischen Planungsperioden abweicht.

Da es vor allem darum geht, die Bedeutung des Zusammenhangs zwischen nationalen Wertpapiermärkten und dem Devisenmarkt aufzuzeigen, wird auf die Diskussion unterschiedlicher Erwartungshypothesen bezüglich des Wechselkurses verzichtet; vielmehr wird $\frac{\partial \epsilon}{\partial e} < 0$, also *stabilisierende* Spekulation unterstellt.

b) Bestandsanpassungsorientierte Kapitalbewegungen

Portfolioentscheidungen umfassen, falls nicht gespart wird, die optimale Strukturierung eines *gegebenen Vermögens*. Dieses stellt eine Einkommensquelle dar. Bei einwertigen Erwartungen bzw. „perfect foresight" wird somit die optimale Vermögensstruktur durch den Wunsch bestimmt, daraus ein möglichst hohes Einkommen zu erzielen. Gewählt wird ausschließlich diejenige Anlage, die den höchsten Ertrag abwirft. Für die Entscheidung zwischen dem in- und ausländischen Wertpapier, bezogen auf die Inländer, folgt daraus:

$$(1) \qquad B^{*\prime}_{h} = \begin{cases} O \text{ f. } i \geq i' + \epsilon \\ B^{*} \text{ f. } i < i' + \epsilon \end{cases}$$

$$(2) \qquad B^{*}_{h} = \begin{cases} O \text{ f. } i < i' + \epsilon \\ B^{*} \text{ f. } i \geq i' + \epsilon \end{cases}$$

Dabei bedeuten:

$B_h^{*'}$ = von Inländern angestrebter Bestand an ausländischen Wertpapieren

B^* = angestrebter Bestand an Wertpapieren

B_h^* = angestrebter Bestand an inländischen Wertpapieren

Wenn die ausländische (inländische) Rendite die inländische (ausländische) übersteigt, wird der Anleger nur ausländische (inländische) Wertpapiere halten wollen. Sind beide gleich, so verhält er sich indifferent gegenüber in- und ausländischem Wertpapier. Im folgenden wird unterstellt, daß sich die Nachfrage in diesem Fall auf den Inlandsmarkt richtet.

(3) $B^* = W - M^*$

(4) $W = \frac{M^n}{P_N} + \frac{B^n}{P_N} - \frac{B_f^n}{PN} + B_h^{n'} \frac{e}{P_N}$ [33]

Dabei bedeuten:

B_f^n = Anteil der Ausländer am inländischen Wertpapierbestand

$B_h^{n'}$ = Anteil der Inländer am ausländischen Wertpapierbestand (i. ausländischer Währung)

Dornbusch unterstellt zwischen Kasse und Wertpapieren eine *unvollständige* Substitutionsbeziehung. Für den optimalen Kassenbestand der Inländer folgt:

(5) $M^* = \begin{cases} M^* (i, \ldots) & \text{f. } i \geq i' + \epsilon \\ M^* (i' + \epsilon, \ldots) & \text{f. } i < i' + \epsilon \end{cases}$

Analog kann für den ausländischen Anlegerkreis argumentiert werden:

(6) $B_f^* = \begin{cases} O & \text{f. } i < i' + \epsilon \\ B^{*'} (i, \ldots) & \text{f. } i > i' + \epsilon \end{cases}$

Dabei bedeuten:

B_f^* = von Ausländern angestrebter Bestand an inländischen Wertpapieren

$B^{*'}$ = von Ausländern angestrebter gesamter Wertpapierbestand

Es stellt sich nun die Frage, auf welchen Markt sich die ausländische Wertpapiernachfrage im Zinsarbitragegleichgewicht richtet. Bei *festen* Wechselkursen wird unterstellt:

---

[33] Folgt man der keynesianischen Theorie, müßte streng genommen geschrieben werden:

$$\frac{B^n}{i \, P_N} \; ; \quad \frac{B_h^{n'} \, e}{P_N \, i'}$$

Davon wird, um die Analyse nicht zu stark zu komplizieren, abgesehen.

$$B_f^* = \frac{B^n}{P_N} - B_h^* = B_f \text{ f. } i \rightarrow i' + \epsilon$$

Bei flexiblen Wechselkursen gilt dies indessen nur dann, wenn $i = i' + \epsilon$ als *Verhaltensgleichung* interpretiert wird, damit begründbar, daß die Wertpapiere nur vom Ausland emittiert werden. Wird $i = i' + \epsilon$ als Gleichgewichtsbedingung aufgefaßt, soll im folgenden unterstellt werden:

$$B_f^* = O, \qquad \text{f. } i = i' + \epsilon$$

da jede Kapitalbewegung Zins- und/oder Wechselkursänderungen auslöst, wie unten gezeigt wird. Vermögensumstrukturierungen werden immer dann angestrebt, wenn optimale und tatsächliche Bestände divergieren. Für die von den Inländern angestrebten Anpassungen folgt:

$$(7) \qquad \dot{L}^{34} = \alpha_M \left[M^* - \frac{M^n}{P_N} \right] \qquad 0 < \alpha_M < 1$$

$$(8) \qquad \dot{B}_h^{d'} = \alpha_{B'} \left[B_h^{*'} - \frac{B_h^{n'} e}{P_N} \right] \qquad 0 < \alpha_{B'} < 1$$

$$(9) \qquad \dot{B}_h^{d} = \alpha_B \left[B_h^* - \frac{B^n}{P_N} \right] \qquad 0 < \alpha_B < 1$$

Dabei bedeuten:

$\dot{L}$ = geplante Änderung der Kassenhaltung

$\dot{B}_h^{d'}$ = Nachfrageänderung nach dem ausländischen Wertpapier in inländischen Gütereinheiten

$\dot{B}_h^{d}$ = Nachfrageänderung nach dem inländischen Wertpapier

Da nicht gespart wird und eine Verschuldung der Haushalte annahmegemäß ausgeschlossen ist, muß die folgende *Finanzierungsrestriktion* berücksichtigt werden:

$$(10) \qquad \dot{L} + \dot{B}_h^{d'} + \dot{B}_h^{d} = -(M - B_f + B + B_h') \frac{\dot{P}_N}{P_N} + B_h' \frac{\dot{e}}{e}$$

Entsprechendes gilt für die Ausländer:

$$(11) \qquad \dot{L}' + \dot{B}_f^{d} \frac{P_N}{P_T' e} + \dot{B}_f^{d'} = B_f \left(\frac{\dot{P}_N}{P_N} - \frac{\dot{e}}{e}\right)$$

$$(12) \qquad \dot{B}_f^{d} = \alpha'_B \left[B_f^* - \frac{B_f^n}{P_N} \right]$$

$$(13) \qquad \dot{B}_f^{d} = \alpha'_{B'} \left[B_f^{*'} - \frac{B_f^{n'}}{P_T'} \right]$$

[34] L ist für die folgende Argumentation irrelevant.

(14) $$B^{*}{}_{f}^{\prime} = \begin{cases} O & f.\ i > i + \epsilon \\ B^{*\prime} & f.\ i \leq i' + \epsilon \end{cases}$$

Auf dem inländischen Wertpapiermarkt setzt eine *Zinsanpassung* ein, wenn Angebot und Nachfrage divergieren:

(15) $$\frac{di}{dt} = k_i \left[\frac{B^n}{P_N} - B_f^d - B_h^d \right] \qquad 0 < k_i < 1$$

Entsprechendes gilt für den ausländischen Wertpapiermarkt:

(16) $$\frac{di'}{dt} = k'_{i'} \left[\frac{B^{n'}}{P'_T} - B_f^{d'} - \frac{B_h^{d'}}{P'_T e} P_N \right]^{35}$$

Eine Änderung des Wechselkurses wird im Falle eines Devisenmarktungleichgewichts ausgelöst. Bei ausgeglichener Leistungsbilanz sind dafür allein Kapitalbewegungen verantwortlich.

$\dot{B}_h^{d'}$ und $\dot{B}_f^d$ implizieren dabei geplante Kapitalimporte und -exporte. Festzuhalten ist dabei, daß der Devisenmarkt nur durch *realisierte* Kapitalbewegungen beeinflußt wird.

(17) $$\frac{de}{dt} = k_e \left| \dot{B}_f - \dot{B}'_h e \right|$$

2.7.2.3 Effekte eines exogenen Anstiegs der erwarteten Wechselkursänderung

a) Konstanter Binnengutpreis

Von Reaktionen des realwirtschaftlichen Sektors wird zunächst abgesehen. Ferner wird zunächst davon abstrahiert, daß der Wechselkurs den Realwert des Vermögens beeinflußt. Mit ϵ steigt die Rendite ausländischer Wertpapiere über die der inländischen. Die Anleger werden bezüglich der optimalen Wertpapier-Kasse-Proportion lediglich den *ausländischen Zins* zugrunde legen. Herrschte anfänglich Gleichgewicht, so wird in Anbetracht der gestiegenen Wertpapierrendite die gewünschte Kassenhaltung zurückgehen. Darüber hinaus wird ein Verkauf von inländischen Wertpapieren angestrebt. Da dieser nicht gelingt, ist ein *Kapitalexport* gleich dem geplanten *Enthorten*. Bestimmend dafür ist wiederum die Differenz zwischen angestrebter und tatsächlicher Kassenhaltung, im Ausmaß des Anpassungskoeffizienten:

[35] Ein Einfluß von $B_h^{d'}$ auf i' ist streng genommen nicht existent, da es sich beim Inland um ein kleines Land handelt. Dagegen ist nun zu berücksichtigen, daß im Falle von $i > i' + \epsilon$ sich die gesamte Weltwertpapiernachfrage auf den inländischen Markt richtet und somit eine Änderung des Weltzinssatzes zu erwarten ist.

(1) $$\frac{de}{dt} = k_e \left[M^* (i = i' + \epsilon_o) - M^*(i' + \epsilon_1) \right]$$

wobei gilt:

(2) $$\epsilon_1 > \epsilon_o$$

Ein Devisenmarktungleichgewicht ist somit in der Tat mit einem Zinsarbitrageungleichgewicht verbunden. Darüber hinaus ist aber ein *Überangebot auf dem heimischen Wertpapiermarkt* zu berücksichtigen. Von einem Ungleichgewicht auf dem Weltkapitalmarkt kann dagegen abgesehen werden, wenn man davon ausgeht, daß das Land mit Nachfrageänderungen keinen Einfluß auf i' hat. Nur, wenn der Wechselkurs vor dem Zins, und zwar unendlich schnell reagiert, vermag er für Zinsarbitragegleichgewicht zu sorgen.

(3) $$\frac{di}{dt} = k_i \left[\frac{B^n}{P_N} - B_h^d - B_f^d \right]$$

(4) $$\dot{B}_h^d = - \alpha_B \left[\frac{B^n}{P_N} - \frac{B_f^n}{P_N} \right] \qquad \text{f. } i < i' + \epsilon$$

(5) $$\dot{B}_f^d = - \alpha'_{B'} \frac{B_f^n}{P_N}$$

b) Variabler Binnengutpreis

Im folgenden wird, um die Analyse nicht zu kompliziert zu gestalten, davon ausgegangen, daß entweder der Wechselkurs vor dem Zins und unendlich schnell oder umgekehrt der Zins vor dem Wechselkurs und unendlich schnell reagiert. Auf die Möglichkeit einer verzögerten Anpassung beider Variablen wird allgemein in 3.1.3 eingegangen. Reagiert der Wechselkurs unendlich schnell, so soll ferner angenommen werden, daß weder Inländer ausländische noch Ausländer inländische Wertpapiere halten.

Eine *Abwertung* führt zu einem *Anstieg* des Binnengutpreises. Dagegen hat eine Zinsänderung *keine* Auswirkung auf die Güternachfrage, da die Wirtschaftssubjekte annahmegemäß nicht sparen. Reagiert somit der Zins unendlich schnell und vor dem Wechselkurs, bleibt der Binnengutpreis unverändert.

Reagiert dagegen der Wechselkurs vor dem Zinssatz, so geht über den Binnengutpreis das Realvermögen zurück:

(1) $$dW = \frac{-W^n}{P_N^2} dP_N$$

Da der angestrebte Kassenbestand allein von der Rendite und vom Einkommen abhängt, wirkt sich der Rückgang der „real balances" in vollem

Umfang in einem *Rückgang des Enthortens* aus. Damit aber ist der Kapitalexport nicht allein durch die Zinsarbitrage bestimmt. Devisenmarktgleichgewicht erfordert eine *geringere* Abwertung als zum Abbau der Zinsdifferenz notwendig. Gleichheit zwischen in- und ausländischer Rendite erfordert somit zusätzlich eine Zinserhöhung.

c) Die Bedeutung der Betrachtungsperioden

Dornbusch geht davon aus, daß kurzfristig der Binnengutpreis konstant ist. Das bedeutet, daß ein *vor* dem Zinssatz und unendlich schnell reagierender Wechselkurs kurzfristig für Zinsarbitragegleichgewicht zu sorgen vermag[36]. Die Änderung des Binnengutpreises durch die Änderung des Wechselkurses setzt damit erst ein, *nachdem* das Zinsarbitrageungleichgewicht abgebaut worden ist. Der Preisanstieg führt nun aber über einen Rückgang der „real balances" zu einem *Zinsanstieg*. Die inländische Rendite übersteigt nun die ausländische. Devisenmarktungleichgewicht wird bestimmt durch ein *Enthorten* der *Ausländer*. Regiert der Wechselkurs wiederum vor dem Zins, sorgt er auch jetzt wieder dafür, daß Zinsarbitragegleichgewicht herrscht ($B'_h = B_f = 0$).

Nun ist aber im Rahmen der mittelfristigen Betrachtungsperiode eine simultan vonstatten gehende Preissenkung zu berücksichtigen. Die Inländer werden *enthorten*, um vermehrt Wertpapiere auf dem Inlandsmarkt nachzufragen. Der inländische Zins geht *zurück*. Da sich die Portfolioentscheidungen an der unverändert gebliebenen ausländischen Rendite ausrichten, wird kein Enthorten gewünscht; demzufolge kann auch *kein Kapitalexport* realisiert werden. Eine Anpassung des Zinssatzes erscheint plausibel. Die Rückkehr zum ausländischen Renditeniveau bedeutet aber die Existenz einer *Übernachfrage* auf dem Wertpapiermarkt. Der inländische Zins wird von neuem die *Tendenz zum Rückgang* aufzeigen; m.a.W., unter Berücksichtigung verschiedener Betrachtungsperioden führt ein auf Devisenmarktungleichgewicht unendlich schnell reagierender Wechselkurs zu *Instabilität*.

2.7.2.4 Effekte eines exogenen Rückgangs der erwarteten Wechselkursänderung

a) Konstanter Binnengutpreis

In diesem Fall übersteigt die *inländische* Vermögensrendite die ausländische. Der realisierbare Kapitalimport ist auf das *geplante Enthorten der*

[36] Falls gilt: $B'_h = B_f = 0$.

Ausländer begrenzt. Damit verbunden ist ein *Überangebot* an Devisen, bestimmt durch die Existenz der internationalen Zinsdifferenz. Darüber hinaus muß berücksichtigt werden, daß auf dem *ausländischen* Wertpapiermarkt ebenfalls ein *Überangebot* entstanden ist, bedingt durch den Wunsch der In- und Ausländer, ausländische Wertpapiere zu verkaufen.

Reagiert der *ausländische* Zins vor dem Wechselkurs, wird Zinsarbitragegleichgewicht allein durch eine Anpassung des ausländischen Zinssatzes herbeigeführt.

Reagiert der Wechselkurs *vor* dem Zins, so übernimmt dieser dann die Funktion, die internationale Zinsdifferenz zu beseitigen, wenn gilt: $B_f = B'_h = 0$. Denn mit rückläufigem Wechselkurs steigt das ausländische und sinkt das inländische Vermögen. Der ausländische Zins geht zurück, der inländische nimmt zu. Wieder setzt ein Kapitalimport ein. Reagiert der Wechselkurs sofort darauf, setzt die Aufwertung von neuem einen Prozeß der Vermögensumverteilung in Gang; ein Gleichgewicht wird nicht erreicht.

b) Variabler Binnengutpreis

Im folgenden wird wieder von $B'_h = B_f = 0$ ausgegangen. Eine Aufwertung läßt die *ausländischen* Güterpreise unverändert, solange von Güterarbitragegleichgewicht ausgegangen wird. Dagegen *sinkt* der *inländische* Binnengutpreis und löst über den Anstieg des inländischen Realvermögens ein *Enthorten*, verbunden mit einer Zunahme der Nachfrage nach inländischen Wertpapieren, aus; der inländische Zins geht *zurück*. Da die Weltmarktrendite unverändert geblieben ist, wird auch kein Enthorten gewünscht. Damit ist auch kein Kapitalexport realisierbar. Der Zinssatz ist aber wiederum überfordert, sowohl für Gleichgewicht auf dem Wertpapiermarkt als auch für Zinsarbitragegleichgewicht zu sorgen.

Reagiert der finanzwirtschaftliche Sektor *vor* dem realwirtschaftlichen, führt die Aufwertung zu einer Übernachfrage auf dem inländischen Wertpapiermarkt; der inländische Zins geht zurück. Ein Kapitalexport ist nicht *realisierbar*. Eine Anpassung des Zinssatzes an das Auslandsniveau vermag ein Ungleichgewicht auf dem Wertpapiermarkt wiederum nicht zu beseitigen.

2.7.2.5 Effekte einer Offenmarktpolitik

a) Konstanter Binnengutpreis

Fragt die Zentralbank *vermehrt* inländische Wertpapiere nach, um die Geldmenge auszudehnen, entsteht auf dem inländischen Wertpapiermarkt eine *Übernachfrage.* Würde das Wertpapier international nicht gehandelt, könnte die einsetzende Zinssenkung zu einem Gleichgewicht zurückführen.

Bei vollständiger internationaler Substitutivität führt der Druck auf den Zinssatz zwar dazu, daß die Anleger inländische Wertpapiere an die Zentralbank verkaufen und als Gegenleistung die neu geschaffene Geldmenge erhalten. Da aber die Rendite für das ausländische Wertpapier unverändert geblieben ist, werden sie die Wertpapiererlöse *ins Ausland* transferieren wollen. Dazu gesellt sich der Wunsch aller Anlegergruppen, *sämtliche* inländischen Wertpapiere abzusetzen und in ausländische umzutauschen. Die realisierbaren Kapitalexporte sind aber auf die *neu geschaffene Geldmenge* begrenzt. Bei konstantem Binnengutpreis sind sie allein eine Funktion der *Zinsdifferenz.*

Auf dem inländischen Wertpapiermarkt ist infolge des Zinsdrucks ein *Überangebot* entstanden.

Wenn der Wechselkurs *vor* dem Zins und unendlich schnell reagiert, fällt die ausländische Rendite auf das inländische Niveau, und die Offenmarkttransaktionen der Zentralbank sind gelungen; die neu geschaffene Geldmenge bleibt im Inland, falls gilt: $B'_h = B_f = 0$[37].

Reagiert der Zins *vor* dem Wechselkurs und unendlich schnell, steigt die inländische Rendite auf das Niveau der ausländischen. Demzufolge werden die Anleger Kasse abbauen wollen, um die an die Zentralbank verkauften Wertpapiere zurückzuerwerben. Es entsteht eine Übernachfrage. Der Zins vermag wiederum *nicht* für Zinsarbitragegleichgewicht und für eine Übereinstimmung von Wertpapierangebot und -nachfrage gleichzeitig zu sorgen.

b) Variabler Binnengutpreis

Wenn bei gegebenem Binnengutpreis der Zins vor dem Wechselkurs reagiert, wird ein neues Gleichgewicht nicht mehr erreicht.

Ein unendlich schnell reagierender Wechselkurs vermag indessen bei konstantem Binnengutpreis nur dann für Zinsarbitragegleichgewicht zu sorgen,

[37] Ist diese Bedingung nicht erfüllt, führt ein unendlich schnell reagierender Wechselkurs zu Instabilität.

wenn weder Inländer ausländische noch Ausländer inländische Wertpapiere halten. Andernfalls ist ebenfalls mit Instabilität zu rechnen.

Gilt: $B'_h = B_f = 0$, so ist zu berücksichtigen, daß jede Abwertung zu einem *Anstieg des Binnengutpreises* führt. Damit ist der Kapitalexport nicht mehr allein von der Zinsarbitrage abhängig; Devisenmarktgleichgewicht ist erreicht, *bevor* die internationalen Zinsdifferenzen beseitigt sind. Eine zusätzliche Zinsanpassung ist notwendig.

Reagiert der finanzwirtschaftliche Sektor *vor* dem realwirtschaftlichen, so erfolgt der Anstieg von P_N nachdem Zinsarbitragegleichgewicht wieder hergestellt worden ist. Damit verbunden ist nun ein Rückgang der Nachfrage nach Wertpapieren, der inländische Zinssatz steigt. Es setzt ein Kapitalimport ein, bestimmt durch das *ausländische Enthorten*. Reagiert der Wechselkurs vor dem Zins und unendlich schnell, vermag er in dieser Situation für Zinsarbitragegleichgewicht zu sorgen, falls $B'_h = B_f = 0$ gilt. Reagiert dagegen der Zinssatz *vor* dem Wechselkurs und unendlich schnell, impliziert Zinsarbitragegleichgewicht wiederum Ungleichgewicht auf dem Wertpapiermarkt.

2.7.2.6 Zusammenfassung und Schlußfolgerung

In der Literatur, insbesondere im neoklassischen Lager, wird allzu leichtfertig vorausgesetzt[38], daß der Wechselkurs, zumindest bei einer ausgeglichenen Leistungsbilanz, in der Lage ist, für Zinsarbitragegleichgewicht zu sorgen. Der betrachteten Volkswirtschaft kommt demzufolge eine Souveränität hinsichtlich der *Zinsbestimmung* zu. Hingegen haben obige Ausführungen das Folgende gezeigt:

1. Ein Zinsarbitrageungleichgewicht führt auch zu einem Ungleichgewicht auf dem Wertpapiermarkt und nicht nur zu Devisenmarktungleichgewicht. Damit aber sind nicht nur Wechselkurs- sondern auch *Zinsreaktionen* möglich. Bezüglich der alternativen Reaktionen wurde unterschieden zwischen
   - einer unendlich schnellen Anpassungsgeschwindigkeit sowohl des Wechselkurses als auch des Zinssatzes,
   - einer unendlich schnellen Anpassungsgeschwindigkeit des Zinssatzes (Wechselkurses) bei verzögerter Wechselkursanpassung (Zinsanpassung),
   - einer verzögerten Anpassung beider Variablen.

---

[38] Vgl. neben *R. Dornbusch* (1976a): *St.J. Turnovsky, G.H. Kingston* (1977), ferner *St.J. Turnovsky* (1981).

2. Prinzipiell ist davon auszugehen, daß im Falle einer unendlich schnellen Reaktion sowohl des Zinssatzes als auch des Wechselkurses eine Überreaktion erfolgt und die Realisierung eines Gleichgewichtszustandes unmöglich ist. In bezug auf einen unendlich schnell und vor dem Wechselkurs reagierenden Zins ist zu berücksichtigen, daß dieser zwei Funktionen zu erfüllen hat:

   — Er muß für Zinsarbitragegleichgewicht sorgen.

   — Er muß Wertpapierangebot und -nachfrage in Übereinstimmung bringen.

   Beidem vermag er nur dann nachzukommen, wenn auch ein Ungleichgewicht auf dem heimischen Wertpapiermarkt nur von der Zinsarbitrage abhängig ist. Andernfalls ist der Zinssatz sozusagen überfordert.

   Bei unendlich schneller Reaktion des Wechselkurses ist nur dann die Wiederherstellung von Zinsarbitragegleichgewicht wahrscheinlich, wenn Kapitalbewegungen überhaupt realisiert werden können und diese dann ausschließlich von der *internationalen Zinsdifferenz* bestimmt werden.

3. Bei konstantem Binnengutpreis führt eine unendlich schnelle Zinsanpassung dann zu Systeminstabilität, wenn der exogene Systemanstoß durch eine Offenmarktpolitik der Zentralbank ausgelöst wird.

   Unabhängig von der spezifischen Parameteränderung vermag dagegen der Wechselkurs für Zinsarbitragegleichgewicht nur dann zu sorgen, wenn

   — er vor dem Zins und unendlich schnell reagiert,

   — Inländer (Ausländer) keine ausländischen (inländischen) Wertpapiere halten.

4. Ist der Binnengutpreis variabel, ist der Wechselkurs, unabhängig von der spezifischen Parameteränderung und der internationalen Wertpapierverteilung nicht mehr in der Lage, allein für Zinsarbitragegleichgewicht zu sorgen, da als weiterer Bestimmungsfaktor für Kapitalbewegungen *„the size of the portfolio"* berücksichtigt werden muß. Eine unendlich schnelle Wechselkursreaktion hat Instabilität zur Folge, falls der exogene Systemanstoß in einer Änderung der erwarteten Abwertung besteht; im Falle einer Offenmarktoperation kann ein neues Gleichgewicht nicht mehr erreicht werden, wenn der finanzwirtschaftliche relativ zum realwirtschaftlichen Sektor verzögert reagiert.

   Unter Berücksichtigung dieser Erkenntnisse muß eine unendlich schnelle Wechselkurs- bzw. Zinsanpassung auch schon im Interesse der Systemstabilität abgelehnt werden.

Als Alternative liegt die Annahme nahe, daß sich das Inland jederzeit passiv an $i' + \epsilon$ anpaßt. Infolgedessen wäre man geneigt, den finanzwirtschaftlichen Sektor analog zum Fall fester Wechselkurse zu formalisieren:

$$B_f = \frac{B^n}{P_N} - B^d.$$

Nun hat jede Änderung von B_f eine Änderung des Wechselkurses zur Folge. Damit verbunden ist eine Änderung des Realvermögens im Ausland. M.a.W., eine vollständige Substitutivität zwischen in- und ausländischem Wertpapier existiert streng genommen bei flexiblen Wechselkursen nicht. Es ist deshalb auch nicht plausibel anzunehmen, daß Ausländer stets jeden inländischen Nachfrageüberschuß decken, bzw. jeden Angebotsüberschuß abbauen.

Als weitere Alternative bietet es sich an, von einer verzögerten Anpassung der Zinssätze und des Wechselkurses auszugehen. Wenn davon ausgegangen wird, daß die gemeinsamen Reaktionen gesamtwirtschaftliches Gleichgewicht herbeiführen, ist als Konsequenz zu bedenken, daß nun der Geld- bzw. der Wertpapiermarkt nicht mehr allein den finanzwirtschaftlichen Sektor abzubilden vermag. Vielmehr gilt für $i = i' + \epsilon$:

$$(1) \qquad \left(\frac{M^n}{P_N} - L\right) + \left(\frac{B^n}{P_N} - \frac{B_f^n}{P_N} - B^d\right) + B_h^{n'} \frac{e}{P_N} = 0$$

Gleichgewicht auf dem Geldmarkt führt zu:

$$(2) \qquad \frac{B^n}{P_N} - \frac{B_f^n}{P_N} - B^d + B_h^{n'} \frac{e}{P_N} = 0$$

Wenn im Zinsarbitragegleichgewicht gilt: $B_f^d = B_h^{d'} = 0$, folgt: $\frac{B^n}{P_N} - B^d$ als Ausdruck für ein Ungleichgewicht auf dem Wertpapiermarkt.

Diese Zusammenhänge bleiben im Dornbusch-Modell unberücksichtigt. Damit aber muß ihm unterstellt werden, daß seine Argumentation auf einem *instabilen* Gleichgewicht aufbaut.

2.7.3 Langfristige Determinanten des Wechselkurses

2.7.3.1 Die Beziehung zwischen mittel- und langfristiger Betrachtungsperiode

Dornbusch unterstellt, daß langfristig der Wechselkurs bestimmt wird durch das Verhältnis zwischen in- und ausländischem Preis für das international gehandelte Gut. Dies impliziert die Hypothese, daß der Wechselkurs ein Güterarbitrageungleichgewicht zu beseitigen vermag.

Einen Nachweis dafür liefert Dornbusch allerdings nicht: In seinem Modell sind Abweichungen von der absoluten Kaufkraftparität nicht durch Güterarbitrageungleichgewicht bei verzögerter Wechselanpassung verbunden; vielmehr geht Dornbusch davon aus, daß kurzfristig der Wechselkurs für Zinsarbitragegleichgewicht sorgt. Die annahmegemäße Übereinstimmung des inländischen Güterpreises mit dem ausländischen impliziert somit eine Anpassung von P_T an $P'_T e$. Die mittelfristig einsetzende Dynamik wird bestimmt durch den *Abbau des Erwartungsirrtums* bezüglich der Wechselkurse. Die tatsächliche Änderung des Preises für Devisen führt, Stabilität vorausgesetzt, dazu, daß $i = i'$ gilt. Mit dem mittelfristigen dynamischen Modell weist er also nach, daß langfristig keine Änderung des Wechselkurses erwartet wird. Damit verbunden ist ein Zinssatz, der dem Weltniveau entspricht und somit eine *exogene* Größe darstellt. Ein Gleichgewicht im realwirtschaftlichen Sektor erfordert einen konstanten relativen Güterpreis, ein Gleichgewicht im finanzwirtschaftlichen Sektor eine konstante reale Geldmenge. Das hat zur Konsequenz, daß die *relative* Kaufkraftparität gilt. Ein Anstieg des Weltmarktpreises für das „tradable" zieht eine proportionale Aufwertung nach sich.

Ein Nachweis der Gültigkeit der *absoluten* Kaufkraftparität setzt dagegen ein Modell voraus, das dadurch gekennzeichnet ist, daß der Wechselkurs auf ein Güterarbitrageungleichgewicht reagiert und dieses abbaut. Das wiederum setzt voraus, daß güterarbitragebedingte Importe und Exporte auch realisiert werden können.

Darauf wird im folgenden eingegangen.

2.7.3.2 Die Realisierbarkeit güterarbitragebedingter Importe und Exporte

Die *absolute* Kaufkraftparität impliziert die Vorstellung, daß im Falle von $P_T > P'_T e$ ein Güterexport und im Falle von $P_T < P'_T e$ ein Güterimport realisiert werden kann; denn Devisenangebot und -nachfrage werden durch Finanzierungsströme bestimmt. Da im Dornbusch-Modell Devisen als Vermögensanlage ausgeschlossen sind und generell keine Aussage darüber gemacht wird, ob Unternehmungen Import- und Exportentscheidungen mit Portfolioüberlegungen verknüpfen, ist davon auszugehen, daß diese Devisen nur erwerben, um sofort den fälligen Kaufpreis zu bezahlen. Dies aber setzt voraus, daß ein Kaufvertrag zustande gekommen ist. Ob davon angesichts eines Güterarbitrageungleichgewichts ausgegangen werden kann, soll im folgenden im Rahmen eines Ansatzes geprüft werden, der auf *Güterarbitrageungleichgewicht* basiert[39].

Grundlage ist die Annahme, daß bei vollständiger internationaler Substitutivität des international gehandelten Gutes die Haushalte ihre gesamte Nachfrage auf denjenigen Markt richten, auf dem sie das Gut relativ billiger erwerben können, und die Unternehmungen ihr gesamtes Angebot auf den Markt lenken, auf dem sie den höchsten Preis erzielen. Für die Nachfrage der Inländer folgt[40]:

(1) $$C_T q = \overline{Y} - \overline{T} - C_N (q, \overline{Y} - \overline{T})^{40}$$

(2) $$C_{T,h} = \begin{cases} C_T & \text{f. } P_T \leq P_T'e \\ 0 & \text{f. } P_T > P_T'e \end{cases}$$

$C_{T,h}$ = Nachfrage der Inländer auf dem heimischen Gütermarkt

Entsprechen sich in- und ausländischer Güterpreis, wird im folgenden unterstellt, daß sich die inländische Nachfrage auf den *inländischen* Markt richtet.

Für die Gesamtnachfrage ist jedoch auch die Güternachfrage des Auslandes von Bedeutung:

(3) $$C_{T,f} = \begin{cases} C'_T & \text{f. } P_T < P_T'e \\ 0 & \text{f. } P_T > P_T'e \end{cases}$$

$C_{T,f}$ = ausländische Güternachfrage auf dem heimischen Gütermarkt

Wenn sich das Inland passiv an das Weltmarktpreisniveau anpaßt, gilt wiederum:

(4–1) $$C_{T,f} = Y_T - C_T \qquad \text{f. } P_T \rightarrow P_T'e^{41}$$

Andernfalls wird im folgenden unterstellt:

(4–2) $$C_{T,f} = O \qquad \text{f. } P_T = P_T'e$$

Wenn der *inländische* Güterpreis hinter dem *ausländischen* zurückbleibt, wird die gesamte ausländische Nachfrage auf den Inlandsmarkt gerichtet sein. Übersteigt dagegen der inländische Güterpreis den ausländischen, wird kein Ausländer bereit sein, inländische Produkte abzunehmen. Paßt sich P_T an $P_T'e$ an, entspricht die ausländische Nachfrage der positiven Differenz zwischen inländischem Güterangebot und inländischer Güternachfrage.

[39] Die Problematik der Existenz einer Güterarbitragebewegung wurde bereits im Rahmen der kritischen Würdigung des „cash balance approach" aufgerollt. Im Interesse der Übersichtlichkeit wird das vollständige Grundmodell für *flexible* Wechselkurse nochmals aufgestellt.

[40] Vom Zinseinkommen wird, da für die Analyse irrelevant, abstrahiert.

[41] Der Pfeil symbolisiert das Anpassungsverhalten.

Für die Gesamtnachfrage nach dem „tradable" auf dem heimischen Markt folgt:

(4) $Y_T^d = C_{T,h} + C_{T,f}$ $\qquad Y_T^d$ = Gesamtnachfrage auf dem heimischen Markt

Die inländischen Unternehmungen werden andererseits auf demjenigen Markt anbieten, auf dem sie den *höchsten* Preis erzielen können:

(5) $$Y_{T,h}^s = \begin{cases} Y_T & \text{f. } P_T \geq P_T'e \\ 0 & \text{f. } P_T < P_T'e \end{cases}$$ $Y_{T,h}^s$ = inländisches Güterangebot auf dem Inlandsmarkt

In bezug auf das Gesamtangebot muß wiederum das Ausland berücksichtigt werden:

(6) $$Y_{T,h}^{s'} = \begin{cases} Y'_T & \text{f. } P_T > P_T'e \\ 0 & \text{f. } P_T < P_T'e \\ C_T - Y_T & \text{f. } P_T \rightarrow P_T'e \end{cases}$$ $Y_{T,h}^{s'}$ = ausländisches Güterangebot auf dem Inlandsmarkt

Übersteigt der inländische Preis das Weltmarktniveau, werden die ausländischen Unternehmer ihr gesamtes Angebot auf den Inlandsmarkt richten. Im umgekehrten Falle bleibt das ausländische Angebot auf dem Weltmarkt. Paßt sich dagegen der inländische Preis dem Weltmarktniveau an, so sind sie bereit, jede Übernachfrage zu decken.

Für das Gesamtangebot auf dem Inlandsmarkt folgt:

(7) $$Y_T^s = Y_{T,h}^s + Y_{T,h}^{s'}$$

Für die folgende Analyse wird exemplarisch der Fall unterstellt, daß der Weltmarktpreis kleiner ist als der inländische[42]. In diesem Fall konzentriert sich die gesamte Weltnachfrage auf den Weltmarkt und das gesamte Weltmarktangebot auf den Inlandsmarkt. Auf dem heimischen Gütermarkt ist somit ein Überangebot entstanden in Höhe des Weltangebotes und auf dem Weltmarkt eine Übernachfrage in Höhe der Weltnachfrage.

Könnten die Inländer ihre Nachfrage auf dem Weltmarkt decken, so würde dem ein Güterimport entsprechen, der eine Übernachfrage auf dem Devisenmarkt auslöst. Wie aber deutlich wird, ist das Angebot auf dem Weltmarkt gleich Null, d.h., die Importnachfrage der Inländer kann nicht realisiert werden. Damit wird auch der Devisenmarkt nicht frequentiert. Eine Anpassung ist somit auf den in- und ausländischen Gütermarkt beschränkt. Bei verzögerter Anpassung gilt:

[42] Im Gegensatz zu den Ausführungen über die Rolle des Wechselkurses im Falle eines Zinsarbitrageungleichgewichts, bringt eine Analyse der Situation $P_T < P_T'e$ keine zusätzlichen Erkenntnisse.

$$\dot{P}_T = k_T \left[-(Y^{s}_{T,\,h} + Y^{s'}_{T,\,h}) \right] \quad \text{für} \quad P_T > P_T\text{'e}$$

$$\dot{P}'_T = k_T \left[C_T + C'_T \right] \quad \text{für} \quad P_T > P_T\text{'e}$$

Betrachtet man das Gesamtmodell, so wird deutlich, daß die Differentialgleichungen nicht stetig sind in dem Sinne, daß jeder marginalen Preisbewegung eine Änderung der Übernachfrage bzw. des Überangebotes folgt. Damit ist auch eine Beschreibung des Anpassungspfades nicht möglich[43]. Sinkt P_T auf das Weltpreisniveau, so erfolgt eine Umlenkung der heimischen Nachfrage auf den Inlandsmarkt. Steigt andererseits das Weltmarktpreisniveau, erfolgt eine Umlenkung des ausländischen Angebotes auf den Weltmarkt. Auf jeden Fall wird Güterarbitragegleichgewicht durch *Preisanpassung* herbeigeführt. Dabei impliziert die Hypothese eines konstanten Weltmarktpreises die Annahme, daß sich der Inlandsmarkt stets anpaßt, was nun aber nicht mehr mit der Annahme eines kleinen Landes begründet werden kann, wie obiges Beispiel zeigt. Die Annahme ist somit willkürlich gewählt[44].

2.7.3.3 Implikationen für die Determinanten des Wechselkurses

Auch langfristig muß somit davon ausgegangen werden, daß Güterarbitragegleichgewicht *durch Preisanpassung* herbeigeführt wird. Wenn nicht gespart wird, ist die Leistungsbilanz ausgeglichen; damit wird der Wechselkurs auch langfristig durch Kapitalbewegungen bestimmt. Wird das System exogen angestoßen, entsteht die Erwartung einer Wechselkursänderung. Dies führt zu Abweichungen von der relativen Kaufkraftparität.

Mit $\epsilon \neq 0$ verbunden ist eine Wechselkursänderung im Zeitablauf, die wiederum ϵ auf ein Nullniveau zurückführt. Dies schließt eine Heranführung von P_N und P_T an ihre langfristigen Gleichgewichtswerte ein.

2.7.4 Die Bedeutung der Ersparnis

Aus dem Ansatz von R. Dornbusch geht nicht hervor, ob gespart wird. Explizit taucht S in keiner Periode auf. Wie bereits im Rahmen des „monetary approach" deutlich wurde, impliziert S ungleich Null einen Saldo in der Leistungsbilanz. Paßt sich annahmegemäß das Land mit P_T stets an das Weltmarktniveau an, so impliziert eine positive Ersparnis bei Binnengutmarktgleichgewicht einen Überschuß des inländischen Angebots am

---

[43] Vgl. dazu auch den Fall fester Wechselkurse, III. B.4.2.

[44] Vgl. ebenda.

„tradable“ über die inländische Nachfrage. Es setzt ein Güterexport ein. Damit verbunden ist eine Forderung gegenüber dem Ausland. Wird kein Lieferziel eingeräumt und ist die Lieferung in inländischer Währung fakturiert, dann impliziert ein Leistungsbilanzüberschuß ceteris paribus ein Devisenmarktungleichgewicht, und zwar ein Überangebot. Auf jeden Fall wird deutlich, daß das Geschehen auf dem Devisenmarkt nicht mehr ausschließlich durch Kapitalbewegungen bestimmt wird, die die Umstrukturierung eines gegebenen Vermögens beabsichtigen. Allerdings erklärt Dornbusch: "The trade surplus in turn is financed by a capital outflow"[45]. Das bedeutet, daß die Inländer Importe von Gütern durch Übertragung von Wertpapieren an Ausländer finanzieren, und umgekehrt Ausländer ihre Verbindlichkeiten gegenüber dem Ausland tilgen, indem sie an Inländer Wertpapiere verkaufen.

Zwei Fragen drängen sich auf:

1. Berühren diese Kapitalbewegungen nicht die nationalen Wertpapiermärkte?
2. Ist die Annahme ökonomisch sinnvoll, daß jedes Ungleichgewicht in der Leistungsbilanz automatisch durch eine Kapitalbewegung finanziert wird?

Wie noch gezeigt wird, steht die Hypothese, daß jeder Saldo in der Leistungsbilanz durch eine entsprechende Kapitalbewegung finanziert wird, im Mittelpunkt des „asset approach“ vom Typ B. Bedeutsam für Abweichungen vom stationären Gleichgewicht ist dabei gerade die mit Kapitalbewegungen verbundene Vermögensakkumulation, die im finanzwirtschaftlichen Sektor die Rendite — und im realwirtschaftlichen Sektor den Leistungsbilanzsaldo ändert.

Eine Beantwortung obiger Fragen wird deshalb auf IV.C. verschoben. Festzuhalten ist an dieser Stelle, daß der Dornbusch Ansatz unter der Annahme von $S = 0$ Faktoren, welche sowohl den Zusammenhang von finanz- und realwirtschaftlichem Sektor als auch die internationale Verflechtung von Märkten bestimmen, unberücksichtigt läßt. Damit können seine Hypothesen bezüglich der Determinanten des Wechselkurses von vornherein in Frage gestellt werden.

2.7.5 Zusammenfassung

Bei flexiblen Wechselkursen geht Dornbusch davon aus, daß in einem kleinen Land langfristig die *absolute* Kaufkraftparität gilt, während die betrachtete Volkswirtschaft sich mit dem Zinssatz an das Weltniveau anpaßt.

---

[45] *R. Dornbusch* (1976a), S. 37.

Kurz- und mittelfristig ist die Situation dagegen umgekehrt: Der Wechselkurs sorgt für *Zinsarbitragegleichgewicht*, während von einer Anpassung des Preises für „tradable goods" an das Weltmarktniveau ausgegangen werden muß. Im Rahmen der kritischen Würdigung wurde gezeigt, daß sowohl kurz- als auch mittel- und langfristig davon ausgegangen werden muß, daß das Zins- und Güterarbitrageungleichgewicht verbunden sind mit Ungleichgewichten auf den nationalen Güter- und Wertpapiermärkten, so daß neben einer Reaktion des Wechselkurses die Möglichkeit einer Reaktion der Güterpreise und des Zinssatzes berücksichtigt werden muß.

Im Falle von *Güterarbitrageungleichgewicht* wurde gezeigt, daß eine Inanspruchnahme des Devisenmarktes unwahrscheinlich ist, da weder Importe noch Exporte realisiert werden können. Die Anpassung ist auf die nationalen Gütermärkte beschränkt. Dabei ist sowohl eine Reaktion von P_T als auch von P'_T denkbar.

Im Falle von *Zinsarbitrageungleichgewicht* ist der Wechselkurs dann nicht in der Lage, dieses zu beseitigen, falls der Binnengutpreis flexibel ist. Eine Reaktion des Zinssatzes sowohl auf ein Wertpapiermarkt- als auch auf ein Zinsarbitrageungleichgewicht führt zu Systeminstabilität. Als ein möglicher Ausweg wurde vorgeschlagen, daß sich das kleine Land von vornherein an das ausländische Renditenniveau anpaßt.

Im Falle einer Ersparnis von Null würde das, Binnengutmarktgleichgewicht vorausgesetzt, allerdings eine Quasi-Konstanz des Wechselkurses implizieren, mit der Konsequenz, daß Anstiege des Weltmarktpreises für das international gehandelte Gut in vollem Umfang importiert würden.

Dornbusch versäumt es, die Ersparnis im Modell explizit zu verdeutlichen. Im Rahmen der kritischen Würdigung wurde kurz auf die Bedeutung von $S \neq 0$ in seinem Modell eingegangen.

Mit der Annahme einer von Null verschiedenen Ersparnis verbunden ist ein Saldo in der Leistungsbilanz. Die Annahme Dornbuschs, dieser würde durch eine entsprechende Kapitalbewegung automatisch finanziert, schafft die Verbindung zum „asset approach" vom Typ B.

3. Die Bedeutung einer unvollständigen Substitutionsbeziehung zwischen den international gehandelten Gütern[46]

Ebenfalls 1976 hat R. Dornbusch einen Ansatz veröffentlicht, in dem das betrachtete kleine Land nur ein Gut produziert, das international unvollständig substitutiv ist. Ferner variiert er die Erwartungshypothese: An die

[46] Vgl. *R. Dornbusch* (1976b)

Stelle von adaptiven Erwartungen setzt er nun „long-run perfect foresight“. Danach wird mit einer Änderung des tatsächlichen Wechselkurses immer dann gerechnet, wenn aktueller und langfristiger Wert divergieren, wobei die Investoren den Anpassungsprozeß des Wechselkurses kennen. Ein weiterer Unterschied zu 1976 a besteht darin, daß Dornbusch neben einer Vollbeschäftigungsvariante berücksichtigt, daß im Falle einer verzögerten Preisanpassung auf den Gütermärkten mengenmäßige Anpassungen des Sozialprodukts zu erwarten sind. Insbesondere unter Berücksichtigung dieser Hypothese wird der Ansatz in der Literatur als „extended Mundell-Fleming Approach“ bezeichnet. Im folgenden sollen in Kürze die Ergebnisse der Vollbeschäftigungsvariante vorgestellt werden.

Das langfristige Gleichgewicht ist durch eine Übereinstimmung von Angebot und Nachfrage auf dem Geldmarkt gekennzeichnet, wobei keine Änderung des Wechselkurses mehr erwartet wird[47]. Ebenso ist der Gütermarkt im Gleichgewicht. Dies wiederum ist nur möglich, wenn die „terms of trade“ konstant sind, also die relative Kaufkraftparität gilt.

Abweichungen vom stationären Gleichgewicht werden nun dadurch ausgelöst, daß das Preisniveau auf Gütermarktungleichgewichte verzögert reagiert. Dies hat zur Konsequenz, daß aktueller und langfristiger Wert des Wechselkurses divergieren und so die Erwartung geweckt wird, daß der Preis für Devisen sich ändern wird. Abweichungen des tatsächlichen vom erwarteten Wechselkurs werden somit durch Divergenzen zwischen dem langfristigen Gleichgewichtswert des *Preisniveaus* und seinem aktuellen Wert bestimmt; und zwar wird eine *Abwertung* erwartet, wenn $P > P^*$ ist und eine Aufwertung, wenn $P < P^*$ ist.

Ist das tatsächliche Preisniveau kleiner als das gleichgewichtige, liegt eine Übernachfrage auf dem Gütermarkt vor, und es herrscht Inflation. Infolgedessen steigen die „terms of trade“. Damit verbunden ist ein Rückgang der Übernachfrage, der um so stärker ausfällt, je elastischer die Güternachfrage auf Preisänderungen reagiert; um so schneller wird P^* erreicht.

Steigt P, so sinkt die reale Geldmenge und induziert einen Zinsanstieg, der um so stärker ist, je zinsunelastischer die Geldnachfrage ist. Der Zinsanstieg senkt unmittelbar die Güternachfrage, und zwar um so mehr, je zinselastischer diese ist.

Stabil ist das System, wenn im Falle einer positiven Differenz zwischen langfristigem Gleichgewichtswert des Wechselkurses und seinem aktuellen Niveau die Anleger mit einer Abwertung rechnen, also keinem Erwartungsirrtum unterliegen.

---

[47] Dies ermöglicht die Gültigkeit der Quantitätstheorie.

Im Hinblick auf Reaktionen des betrachteten Landes auf exogene Schocks ist zu berücksichtigen, daß nach Dornbuschs Vorstellung kurzfristig nur der finanzwirtschaftliche Sektor reagiert. Steigt z.B. die *Geldmenge*, so führt dies unmittelbar zu einem Rückgang des Inlandszinses. Langfristige Gültigkeit der Quantitätstheorie erfordert, daß das inländische Preisniveau proportional zur Geldmenge steigt. Damit sind konstante „terms of trade" nur vereinbar, wenn auch der Wechselkurs proportional zur Geldmenge zunimmt. Dies sehen die Anleger bereits kurzfristig voraus. Abwertungserwartung und Zinssenkung lösen einen Kapitalexport aus, in dessen Folge der Wechselkurs steigt; da aber der realwirtschaftliche Sektor kurzfristig nicht reagiert, kommt es zu einem „overshooting". Abwertung und Zinssenkung lösen mittelfristig auf dem Gütermarkt eine Übernachfrage und damit Inflation aus. Die Preissteigerungsrate wird dabei bestimmt durch die Differenz zwischen langfristigem Gleichgewichts- und tatsächlichem Wert von P. Die Inflation induziert einen im Zeitablauf steigenden Zins. Damit verbunden ist eine Aufwertungswelle. Inflation und Aufwertung treten somit gemeinsam auf.

Steigt der *Weltmarktpreis*, erfordert langfristiges Gleichgewicht, daß der Wechselkurs proportional dazu sinkt, denn nur so können konstante „terms of trade" und damit Gütermarktgleichgewicht erhalten bleiben (der Zinssatz ist ja exogen). Entscheidend ist nun, daß dieses langfristige Gleichgewicht sofort erreicht wird: Mit einem Rückgang des langfristigen Wechselkurses ist die Erwartung einer Aufwertung verbunden. Es setzt ein Kapitalimport ein, demzufolge auch der aktuelle Wechselkurs sinkt, und zwar proportional zum langfristigen. Damit aber bleiben die „terms of trade" unverändert.

Im Rahmen der *kritischen Würdigung* des Zwei-Sektoren-Modells wurde gezeigt, daß der Wechselkurs nur dann für Zinsarbitragegleichgewicht zu sorgen vermag, wenn:

1. die Leistungsbilanz ausgeglichen ist,
2. der realwirtschaftliche Sektor im Vergleich zum finanzwirtschaftlichen verzögert reagiert,
3. der Wechselkurs vor dem Zins und unendlich schnell reagiert, ein konstanter Binnengutpreis vorausgesetzt.

Der Ausgleich der Leistungsbilanz war nachgewiesen worden für den Fall, daß die Haushalte nicht sparen und der Binnengutpreis in jedem Augenblick für ein Gleichgewicht auf dem Binnengutmarkt sorgt.

Die Annahme einer unendlich schnellen Preisanpassung im Falle einer Divergenz zwischen Güterangebot und -nachfrage wird jetzt *aufgegeben*.

Damit liegt die Frage nach eventuellen Konsequenzen für den Saldo der Leistungsbilanz nahe, selbst wenn nicht gespart wird.

Unter Berücksichtigung von Zinseinkommen folgt nun für die Budgetrestriktion der Haushalte:

$$\overline{Y} + (B - B_f)\, i + B'_h i' - \overline{T} = C_h + C'_h \tau \qquad \tau = \frac{P'e}{P}$$

Die Einkommensverwendungsentscheidung bezieht sich nun auf das im In- und im Ausland produzierte Gut. Unter Berücksichtigung der Budgetrestriktion des Staates folgt für die gesamtwirtschaftliche Budgetrestriktion:

$$(\overline{Y} - C_h - A_{St}) = C'_h \tau + B_f\, i - B'_h\, i'$$

Erweitert man die linke und rechte Seite mit der Exportnachfrage, so folgt die modifizierte Budgetrestriktion:

$$(\overline{Y} - C_h - C_f - A_{St}) = - \left[(C_f - C'_h \tau) + \frac{B^n e}{P}\, i' - B_f\, i \right]$$

Einem Ungleichgewicht auf dem Gütermarkt entspricht eine Divergenz zwischen Export- und Importnachfrage. Wenn keine Mengentransaktionen zu ungleichgewichtigen Preisen abgewickelt werden, finden auch keine Käufe an Ausländer bzw. Käufe von Ausländern statt. Damit entsteht auch kein Saldo in der Leistungsbilanz.

Die Argumentation, die im Rahmen des Zwei-Sektoren-Modells bezüglich der Rolle von Zins und Wechselkurs im Zinsarbitrageungleichgewicht geführt wurde, läßt sich damit voll auf das Ein-Sektor-Modell bei verzögerter Preisanpassung übertragen.

Wie im Ein-Sektor-Modell bleibt sowohl die Rolle der Ersparnis als auch der Leistungsbilanz unklar. Führt man $S \neq 0$ explizit in das Modell ein, so kann *nicht mehr* von einer ausgeglichenen Leistungsbilanz ausgegangen werden. Unterstellt man, daß ein Saldo automatisch durch eine Kapitalbewegung finanziert wird, impliziert das eine Vermögensakkumulation bzw. -dekumulation, über die ein Zusammenhang von realwirtschaftlichem und finanzwirtschaftlichem Sektor hergestellt wird, auf den Dornbusch aber nicht eingeht. Diesbezüglich wurde im Rahmen der kritischen Würdigung des Ein-Sektor-Modells auf den „asset approach“ vom Typ B verwiesen.

D. Der „Asset Approach" vom Typ B

1. Überblick

Wesentlich mehr Beiträge als zu Typ A sind zum „asset approach" vom Typ B erschienen[48]. Überwiegend gehen die Autoren davon aus, daß es sich bei der betrachteten Volkswirtschaft um ein kleines Land handelt[49]. Ferner wird zumeist unterstellt, daß Arbeit der einzige Produktionsfaktor ist.

Entscheidend für den „asset approach" vom Typ B ist die Annahme, daß Abweichungen vom stationären Gleichgewicht durch eine Änderung des Realvermögens im Zeitablauf bestimmt werden, die wiederum durch eine unausgeglichene Leistungsbilanz getragen wird. Unterschiede zwischen den einzelnen Ansätzen bestehen:

1. in der Anzahl der von der betrachteten Volkswirtschaft produzierten Güter und in der unterstellten Substitutionsbeziehung zwischen den „tradables";
2. in der Art der international gehandelten „assets"; diesbezüglich existieren Beiträge, die in- und ausländische Währung als Anlagemöglichkeit berücksichtigen *(„international currency substitution")* neben solchen, die eine international *unvollständige*[50] Substitutionsbeziehung zwischen Wertpapieren unterstellen,
3. in der Erwartungshypothese bezüglich der Wechselkursentwicklung; das Spektrum wird dabei bestimmt durch statische Erwartungen, „myopic perfect foresight", „long-run perfect foresight" und durch adaptive Erwartungen;
4. in der Finanzierungsweise der Staatsausgaben; sowohl ein ausgeglichener Staatshaushalt, als auch eine Finanzierung des Budgetdefizits durch Geldschöpfung bzw. Wertpapieremission finden Berücksichtigung;
5. im Verhalten des Sozialprodukts außerhalb des stationären Gleichgewichts.

---

[48] Vgl. beispielsweise: *S. Black* (1973), *H. Genberg, H. Kierzkowski* (1975), *W. Branson* (1976), *P.J.K. Kouri* (1976), *J.A. Frenkel* (1976), *M. Mussa* (1976), *St.J. Turnovsky, G.H. Kingston* (1977), *M. Aoki* (1980), *D.W. Henderson* (1980), *St. Viotti* (1980), *St. Turnovsky* (1981), *J. Bisignano, K. Hoover* (1982), *A. Calvo, C.A. Rodriguez* (1977).

[49] Eine Ausnahme stellt z.B. der Beitrag von *J. Bisignano* und *K. Hoover* (1982) dar.

[50] Eine Ausnahme bildet der Beitrag von *St. Turnovsky, G.H. Kingston* (1977). Ferner wird im Ansatz von St. Turnovsky (1981) neben einer unvollständigen eine vollständige Substitutionsbeziehung berücksichtigt.

Obige Unterscheidungskriterien bestimmen entscheidend die Frage der *Konvergenz* des Realvermögensakkumulations- bzw. -dekumulationsprozesses zum stationären Gleichgewicht, haben aber keinen Einfluß auf die strukturelle Verknüpfung von finanz- und realwirtschaftlichem Sektor, deren Diskussion ja im Mittelpunkt dieser Arbeit steht. Aus diesem Grund soll die Funktionsweise des „asset approach" vom Typ B im folgenden an einem Modell verdeutlicht werden, das hinsichtlich obiger Komponenten als relativ einfach bezeichnet werden kann. Es handelt sich hierbei um den Beitrag von *P.J. Kouri*, der im Scandinavian Journal of Economics 1976 veröffentlicht worden ist.

Kouri unterstellt eine kleine offene Volkswirtschaft, die mit Hilfe des Faktors Arbeit ein Gut produziert, das zu dem auf dem Weltmarkt gehandelten vollständig substitutiv ist. Die Haushalte besitzen ein Vermögen, das sich aus in- und ausländischen Geldeinheiten zusammensetzt. Annahmegemäß halten Ausländer keine inländische Währung. Entscheidend für die von Inländern angestrebte Vermögensstruktur ist die erwartete Wechselkursänderung; diesbezüglich unterstellt Kouri alternativ statische und adaptive Erwartungen, ferner „myopic perfect foresight" und „long-run perfect foresight".

Im Unterschied zu vorangehenden Ansätzen ist der Staatshaushalt der Volkswirtschaft defizitär und wird durch Geldschöpfung finanziert.

Für die Determinanten des Wechselkurses ist wie im Rahmen der Dornbusch Ansätze der spezifische Betrachtungszeitraum von Bedeutung.

Beispielhaft für exogene Systemanstöße analysiert Kouri:

1. eine einmalige Erhöhung der Geldmenge, mit welcher die Zentralbank Devisenkäufe finanziert (Devisenmarktintervention),
2. eine Vergrößerung des staatlichen Budgetdefizits,
3. eine steuerfinanzierte Erhöhung der Staatsausgaben.

Abweichend von Kouri wird, da zur Verdeutlichung der Modellstruktur ausreichend, im Rahmen der folgenden formalen Analyse von einem ausgeglichenen Staatshaushalt ausgegangen. Verbal wird auf die Bedeutung von staatlichen Budgetdefiziten eingegangen.

Der Darstellung des Kouri-Modells schließt sich ein Überblick über weitere Modelle des „asset approach" an.

2. Der Beitrag von P.J. Kouri bei ausgeglichenem Staatshaushalt

2.1 Statische Erwartungen

2.1.1 Charakterisierung der Modellstruktur in den einzelnen Betrachtungsperioden

2.1.1.1 Kurzfristige Betrachtungsperiode

In jedem Augenblick entscheiden die Haushalte über die Struktur des aus vergangenen Perioden übernommenen Vermögens. Annahmegemäß ist das Realvermögen die Summe aus deflationierter inländischer Geldmenge und dem Anteil der Inländer an der deflationierten ausländischen Geldmenge.

(1) $$W = \frac{M^n}{P} + \frac{F^n e}{P}$$

F^n = Anteil der privaten Inländer an der ausländischen Geldmenge

Die *angestrebte* Vermögensstruktur wird bestimmt durch das Realeinkommen und die erwartete Abwertung. Steigt das Realeinkommen, so benötigen die Haushalte ein höheres Niveau an Transaktionskasse, die annahmegemäß nur durch inländische Währung gebildet wird. Die Nachfrage nach ausländischer Währung geht zurück. Eine erwartete Abwertung der inländischen Währung ist gleichbedeutend mit einer *Rendite* für das Halten von ausländischer Währung.

(2) $$L = L(\underset{+}{\bar{Y}}, \underset{+}{W}, \underset{-}{\epsilon})$$

(3) $$\epsilon = \bar{\epsilon}$$

(4) $$F^d = W - L$$

F^d = Nachfrage nach ausländischer Währung

Im Rahmen einer Optimierung der Struktur des exogen vorgegebenen Vermögens kann nur über eine Anlagealternative unabhängig entschieden werden. Der Wechselkurs sorgt dafür, daß in jedem Augenblick die angestrebte der tatsächlichen Vermögensstruktur entspricht.

(5) $$\frac{M^n}{P} = L$$

Im Gegensatz zu Dornbusch im Rahmen des „asset approach" vom Typ A, gehen die Vertreter von Typ B davon aus, daß auch kurzfristig der inländische dem ausländischen Güterpreis entspricht:

(6) $$P = P'e$$

Übersteigen die aktuell verfügbaren „real home balances" das angestrebte Niveau, so ist das gleichbedeutend mit einem Überschuß der angestrebten „real foreign balances" über deren tatsächliches Niveau. Wie *Branson*[51] zeigt, löst dieses Vermögensstrukturungleichgewicht einen Kapitalexport aus, der wiederum eine Abwertung induziert. Als Folge davon sinken die „real home balances"; das Ungleichgewicht wird abgebaut. Dabei gehen die Vertreter dieses Ansatzes davon aus, daß der Abbau eines Vermögensstrukturungleichgewichtes sehr schnell vonstatten geht, so daß in jedem Augenblick von Gleichgewicht ausgegangen werden kann.

Kurzfristig entscheiden die Haushalte ferner über die Verwendung des ihnen zufließenden Einkommens. Da in- und ausländisches Gut vollständig substitutiv sind und das Gesetz von der Unterschiedslosigkeit der Preise gilt, bestehen keine Präferenzen bezüglich beider Güter. Die Höhe des Konsums wird bestimmt durch $\overline{Y}$ und W, begründet mit der *„life cycle hypothesis"*[52]. Wenn das Weltpreisniveau im Zeitablauf konstant ist, entspricht die Inflationsrate der Rate der Abwertung. Damit ist die reale Vermögensrendite gleich Null und spielt für die Konsumnachfrage keine Rolle.

Wenn stets Güterarbitragegleichgewicht herrscht, wird der Leistungsbilanzsaldo bestimmt durch den Teil der inländischen Güterproduktion, der vom Inland nicht absorbiert wird:

$$TC = \overline{Y} - C - A_{St} \tag{7}$$

$$C = C(\underset{+}{\overline{Y} - \overline{T}}, \underset{+}{W}) \tag{8}$$

Konstitutiv für den „asset approach" vom Typ B ist nun die Annahme, daß ein Überschuß in der Leistungsbilanz einen Kapitalexport und ein Defizit einen Kapitalimport in gleicher Höhe induziert, und zwar ohne, daß dazu unmittelbar eine Änderung des Wechselkurses notwendig wäre. Ein Saldo in der Leistungsbilanz führt somit zu einer Änderung des Bestandes an „foreign balances" im Zeitablauf. Den Wechselkurs berührt dies nur dann, wenn das Ungleichgewicht in der Leistungsbilanz ein Vermögensstrukturungleichgewicht zur Folge hat. Kurzfristig — so die Hypothese — ist die Akkumulationsrate der ausländischen Vermögenstitel so gering, daß die Angebots-Nachfrage-Situation im Vermögenssektor nur unwesentlich verändert wird und so die Vermögensrenditen ihr altes Niveau beibehalten. Damit wird kurzfristig der Wechselkurs allein durch die angebotene und nachgefragte Struktur des in vergangenen Perioden akkumulierten Vermö-

---

[51] Vgl. *W. Branson*(1976), A 4 f.

[52] Vgl. *P.J.K. Kouri* (1976), S. 283; zur näheren Erläuterung dieser Hypothese vgl. in dieser Arbeit.

gens bestimmt. Wechselkursänderungen ihrerseits haben allerdings einen Einfluß auf die Leistungsbilanz, indem sie über das Preisniveau den Realwert des Vermögens berühren.

2.1.1.2 Mittelfristige Betrachtungsperiode

Ein Kapitalexport führt zu einem Anstieg, ein Kapitalimport zu einem Rückgang der „foreign balances", und zwar betrifft dies bei zunächst konstantem Wechselkurs sowohl den Nominal- als auch den Realwert. Bei konstantem Geldangebot hat das mittelfristig ein Vermögensstrukturungleichgewicht zur Folge. Angenommen, die Leistungsbilanz weise einen Überschuß auf; die „real foreign balances" steigen, und damit nimmt auch die vom Vermögen abhängige Nachfrage nach in- und ausländischer Währung zu, allerdings nur unterproportional. Dies hat zur Folge, daß auf dem Markt für ausländische Währungseinheiten ein Überangebot entsteht, dem eine Übernachfrage auf dem heimischen Geldmarkt entspricht; es kommt zu einer Aufwertung. Sie führt zusammen mit dem steigenden Devisenbestand dazu, daß der Realwert des Gesamtvermögens zunimmt und damit die Konsumgüternachfrage steigt. Der bestehende Leistungsbilanzüberschuß wird dadurch gedämpft, und das bedeutet, daß auch die Rate zurückgeht, mit der das Realvermögen im Zeitablauf zunimmt.

Auf der Grundlage des mittelfristig maßgeblichen Modells:

(1) $$\frac{M^n}{P'e} = L(\underset{-}{\bar{\epsilon}}, \underset{+}{\bar{Y}}, \underset{+}{W})$$

(2) $$W = \frac{M^n}{P'e} + \frac{F^n}{P'}$$

(3) $$\frac{1}{P'}\dot{F}^n = TC = CC = \bar{Y} - C(\underset{+}{\bar{Y}} - \bar{T}, \underset{+}{W}) - A_{St}$$ [53]

kann eine Differentialgleichung erster Ordnung in F^n abgeleitet werden, die die Systemdynamik beschreibt:

(3a) $$\dot{F}^n = P' \cdot \left[\bar{Y} - C(\bar{Y} - \bar{T}, \frac{F^n}{P'} + \frac{M^n}{P'e(\underset{+}{M^n}, \underset{-}{F^n}} \right]$$

Stabilität erfordert:

$$\frac{\partial \dot{F}^n}{\partial F^n} = - \frac{\partial C}{\partial W} + \frac{\partial C}{\partial W} \frac{M^n}{P'e^2} \frac{\partial e}{\partial F^n} < 0$$

---

[53] Gleichung 3 ist als Verhaltensgleichung zu interpretieren.

Das Systemverhalten kann wie folgt graphisch verdeutlicht werden:

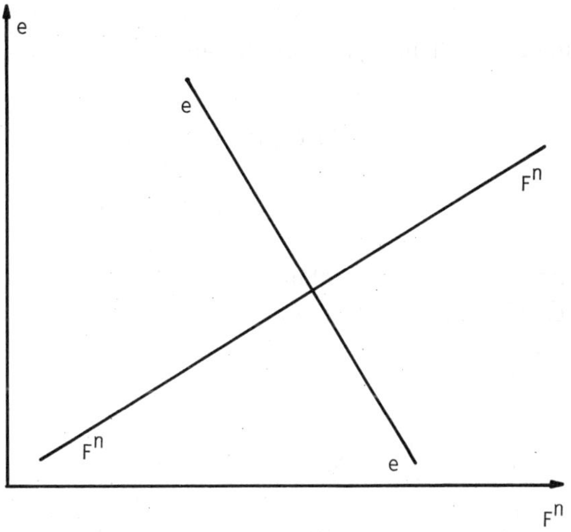

Abbildung 1

Die (e, e) Kurve ist der geometrische Ort aller (e, F^n)-Kombinationen, für die *Geldmarktgleichgewicht* herrscht. Ein Anstieg des Bestandes an ausländischer Währung induziert eine Nachfragesteigerung nach „real home balances". Damit Gleichgewicht erhalten bleibt, ist eine entsprechende Angebotssteigerung notwendig, die über eine Aufwertung herbeigeführt wird; dementsprechend ist die Steigung der Kurve negativ.

Die (F^n, F^n)-Kurve ist der geometrische Ort derjenigen (e, F^n)-Kombinationen, für die die Leistungsbilanz ausgeglichen ist. Ein steigender Wechselkurs induziert einen Leistungsbilanzüberschuß, der durch einen Anstieg von F^n kompensiert werden muß, soll weiterhin außenwirtschaftliches Gleichgewicht bestehen. Damit ist die Steigung positiv. Punkte oberhalb der (F^n, F^n)-Kurve repräsentieren einen Überschuß, Punkte unterhalb der Kurve ein Defizit in der Leistungsbilanz.

Da in jedem Augenblick von einem Gleichgewicht auf dem Geldmarkt ausgegangen wird, bewegt sich das System stets auf der (e, e)-Kurve.

In A z.B. liegt ein Überschuß in der Leistungsbilanz vor; die „foreign balances" steigen und induzieren einen Aufwertungsprozeß. Beide Efffekte bewegen das System in die Richtung des Gleichgewichtspunktes P*.

2.1.1.3 Langfristige Betrachtungsperiode

Stationäres Gleichgewicht erfordert im Zeitablauf konstante „real home balances" und „real foreign balances". Bei konstantem Weltmarktpreis impliziert das eine ausgeglichene Leistungsbilanz.

(1) $$w_M n = \pi = w_e = 0$$

(2) $$\overline{Y} = C(\underset{+}{M+F}, \underset{+}{\overline{Y}-\overline{T}}) + A_{St}$$

(3) $$M = L(\underset{-}{\overline{\epsilon}}, \underset{+}{\overline{Y}}, \underset{+}{M+F})$$

Eine Übereinstimmung von inländischem Angebot und inländischer Nachfrage nach Konsumgütern erfordert:

(4) $$M\hat{M} + F\hat{F} = 0$$

Eingesetzt in Gleichung 1, folgt:

(5) $$M\hat{M} = \frac{\partial L}{\partial W} M \hat{M} - \frac{\partial L}{\partial W} M \hat{M} \rightarrow \hat{M} = 0$$

Damit gesamtwirtschaftliches Gleichgewicht herrscht, dürfen sich M und F auch *einmalig* nicht ändern. Damit gilt die *Quantitätstheorie* insofern, als langfristig sowohl einmalige als auch fortgesetzte Änderungen der nominellen Geldmenge proportionale Änderungen des Preisniveaus induzieren. Ferner gilt die relative *Kaufkraftparität*, indem Änderungen des Weltmarktpreises proportionale Änderungen des Wechselkurses mit entgegengesetztem Vorzeichen auslösen.

2.1.2 Effekte einer Devisenmarktintervention

2.1.2.1 Kurzfristige Systemreaktion

Einmalige Geldmengenänderungen werden im Kouri-Modell im Rahmen einer *Devisenmarktintervention* der Zentralbank durchgeführt. Eine Geldmengenerhöhung impliziert einen *Kauf*, eine Geldmengensenkung einen *Verkauf* von Devisen durch die Zentralbank.

Fragt die Zentralbank vermehrt Devisen nach und bietet im Gegenzug heimische Währung an, so entsteht auf dem Geldmarkt ein Überangebot und auf dem Markt für ausländische Währung eine Übernachfrage. Nur ein *Anstieg* des Wechselkurses vermag wieder Gleichgewicht herzustellen, denn eine Abwertung hat ceteris paribus eine Übernachfrage auf dem Geldmarkt zur Folge. Allerdings führt die Vermögensreagibilität der Geldnachfrage dazu, daß diejenige Abwertung, die notwendig ist, um ein Vermögensstrukturgleichgewicht herzustellen, größer ist als die Rate der Geldmengenausdehnung. Per Saldo sinkt also der Realwert des Vermögens. Dies wiederum ist mit stationärem Gleichgewicht nicht vereinbar. Langfristig darf sich infolge einer expansiven Geldpolitik der Realwert des Vermögens nicht ändern, d.h., langfristig muß der Wechselkurs proportional zur Geldmenge steigen. Kurzfristig überschießt also der Wechselkurs seinen langfristigen Gleichgewichtswert. Die Ursache liegt in der mangelnden Reagibilität der Devisen begründet.

Wie bereits verdeutlicht wurde, führt eine Änderung des inländischen Devisenbestandes im Ausmaß $\frac{M}{F}M^n$ dazu, daß der Wechselkurs proportional zur Geldmenge steigt. Devisen kann das Inland aber nur dadurch erwerben, daß es Güter an das Ausland verkauft. Die Rate der Änderung von F^n hängt somit vom Leistungsbilanzsaldo ab. Verantwortlich dafür wiederum ist die *Ersparnis*. Entscheidend ist nun, daß die Wirtschaftssubjekte auf exogene Schocks mit ihrer Nachfrage nach „assets" bereits dann reagieren, wenn die Ersparnis noch sehr gering und die mit ihr verbundene Akkumulation von Devisen noch verschwindend klein ist — zu klein, als daß sie die Angebots-Nachfrage-Situation auf den Vermögensmärkten nennenswert beeinflussen könnte. Es gilt somit:

$$(1) \qquad M\,(\hat{M}^n - \hat{e}) = \frac{\partial L}{\partial W}\,M\,(\hat{M}^n - \hat{e}) + \frac{\partial L}{\partial W}\,F\,\hat{F}^n$$

$$(2) \qquad \hat{M}^n = -\,\hat{F}^n$$

$$(1a) \qquad \hat{e} = \frac{\hat{M}^n}{1 - \frac{\partial L}{\partial W}}$$

Da stets Güterarbitragegleichgewicht herrscht, entspricht der Abwertung ein Anstieg des Preisniveaus.

2.1.2.2 Mittel- und langfristige Systemreaktion

Der Überschuß in der Leistungsbilanz löst einen im Zeitablauf steigenden Bestand an „foreign balances" aus. Damit verbunden ist eine *Aufwertungswelle*.

Sinkender Wechselkurs und steigender Bestand an „foreign balances" führen einen Abbau des Überschusses in der Leistungsbilanz herbei. Da stets Güterarbitragegleichgewicht herrscht, ist der Anpassungsprozeß von *Deflation* begleitet.

Er kann wie folgt graphisch veranschaulicht werden:

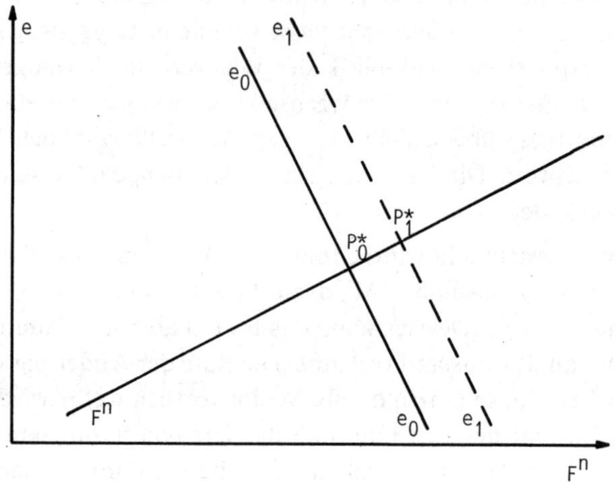

Abbildung 2

Die (e,e)-Kurve ist wiederum der geometrische Ort derjenigen (e, F^n)-Kombinationen, für die Geldmarktgleichgewicht herrscht. Die (F^n, F^n)-Kurve zeigt Kombinationen von e und F^n, die mit einer ausgeglichenen Leistungsbilanz vereinbar sind. P_o^* markiert das anfängliche Gleichgewicht.

Ein Devisenkauf der Zentralbank führt zu einer *Rechtsverschiebung* der (e, e)-Kurve im Ausmaß:

$$\frac{1}{1 - \frac{\partial L}{\partial W}}$$

Punkt A veranschaulicht die kurzfristige Reaktion: Bei gegebenem Bestand an „foreign balances" kommt es zu einem „overshooting" des Wechselkurses. Damit verbunden ist ein Rückgang des Realvermögens, der einen Überschuß in der Leistungsbilanz induziert. Infolgedessen steigen die „foreign balances". Da von Geldmarktgleichgewicht ausgegangen wird, befindet sich das System stets auf der (e, e)-Kurve. Steigende Devisenbestände induzieren eine Aufwertung. Beide Effekte dämpfen den Akkumulationsprozeß, der beendet ist, wenn dem Anstieg der nominellen Geldmenge ein proportionaler Preisanstieg entspricht.

2.1.3 Effekte eines Anstiegs des Weltpreisniveaus

2.1.3.1 Kurzfristige Systemreaktion

Ein *Anstieg* des Weltpreisniveaus *senkt* das Realvermögen und induziert sowohl einen Rückgang der Nachfrage nach heimischer als auch nach ausländischer Währung. Unter Berücksichtigung der Vermögensrestriktion muß einem entstehenden Überangebot (Übernachfrage) dem Geldmarkt eine Übernachfrage (Überangebot) nach „foreign balances“ entsprechen.

Auf dem Geldmarkt entsteht ein Überangebot eine Übernachfrage, wenn gilt:

$$- M \left(1 - \frac{\partial L}{\partial W}\right) + \frac{\partial L}{\partial W} \cdot F \begin{cases} < 0. \\ > 0. \end{cases}$$

Ebenso ist denkbar, daß kein Vermögensstrukturungleichgewicht entsteht. In diesem Fall bleibt der Wechselkurs konstant; die relative Kaufkraftparität ist vollständig außer Kraft gesetzt. Kommt es hingegen zu einer Übernachfrage nach inländischer Währung, wird eine Aufwertung ausgelöst. Da ein Rückgang des Wechselkurses um beispielsweise 10 % einen größeren Anstieg des Realvermögens induziert als ein 10%-iger Rückgang von P’, fällt auch der damit verbundene Geldnachfrageanstieg geringer aus, M.a.W., um Vermögensstrukturgleichgewicht wiederherzustellen, braucht der Wechselkurs nur weniger zurückzugehen, als der Anstieg von P’ betragen hat. Es gilt:

(1)
$$\frac{\hat{e}}{P'} = \frac{M \left(1 - \frac{\partial L}{\partial W}\right) - \frac{\partial L}{\partial W} F}{M \left(1 - \frac{\partial L}{\partial W}\right.} < 1$$

Entsteht dagegen auf dem Geldmarkt ein Überangebot, wird eine Abwertung ausgelöst, die den Preisanstieg im Inland sogar noch gegenüber dem verschärft, was aus dem Ausland importiert wird.

Gleichgültig ob und in welchem Umfang Inflation importiert wird, gerät die Leistungsbilanz in eine *Überschußposition*. Dies deshalb, da das Realvermögen in allen drei besprochenen Fällen sinkt und damit auch die inländische Konsumgüternachfrage. Ceteris paribus hat das ein Überangebot zur Folge, welches vom Ausland bei unverändertem Weltmarktpreis absorbiert wird.

2.1.3.2 Mittel- und langfristige Systemreaktion

Kurzfristig gilt die relative Kaufkraftparität nicht, weil die Wirtschaftssubjekte auf den Anstieg des Weltmarktpreises mit ihren Portfolioentscheidungen bereits dann reagieren, wenn der Einfluß auf die Ersparnis noch sehr gering ist und die damit verbundene Akkumulationsrate der Devisen die Angebots-Nachfrage-Situation im Vermögenssektor nicht renditewirksam beeinflußt. Ein Leistungsbilanzüberschuß hat nun einen ständig wachsenden Devisenbestand zur Folge; dies löst mittelfristig ein Vermögensstrukturungleichgewicht aus. Da der gewünschte Bestand an „foreign balances" weniger stark ansteigt als der tatsächliche, kommt es zu einem Aufwertungs- und damit Deflationsprozeß, der erst dann beendet ist, wenn das inländische Preisniveau auf seinen alten Stand zurückgekehrt ist, die relative Kaufkraftparität also realisiert wird.

2.2 „Myopic Perfect Foresight"

2.2.1 Allgemeine Charakterisierung der Erwartungshypothese

M. Hadjimichalakis charakterisiert „myopic perfect foresight" wie folgt:

> „As a matter of terminology, myopic perfect foresight exists when the speed, ... at which any discrepancy between the expected and the actual rate of inflation is eliminated is infinite, ... In other words, we have myopic perfect foresight, when this discrepancy is instantaneously eliminated by appropriate movements of expected inflation"[54].

Entsprechend definiert Kouri:

$$\epsilon = \pi^e = w_e = \pi$$

Kurzfristig gilt dabei annahmegemäß: $\pi = w_e = 0$.

Da der Staatshaushalt ausgeglichen ist, sind langfristig Preisniveau und Wechselkurs ebenfalls konstant.

Die kurz- und langfristige Betrachtungsperiode entsprechen somit dem Fall statischer Erwartungen. Dagegen spielt „myopic perfect foresight" eine bedeutende Rolle für den Anpassungsprozeß.

2.2.2 „Myopic Perfect Foresight" und Systemstabilität

Für die Gleichgewichtsbedingungen des finanzwirtschaftlichen Sektors folgt:

$$\text{(1)} \qquad \frac{M^n}{P'e} = L\,(\underset{-}{w_e},\ \underset{+}{\bar{Y}},\ \frac{M^n}{P'e} \underset{+}{+} \frac{F^n}{P'})$$

[54] *M. Hadjimichalakis* (1981), S. 157.

Dagegen bleibt die Bestimmungsgleichung für die „foreign balances“ unverändert.

$$\dot{F}^n = P' \cdot \left[\bar{Y} - C\left(\frac{M^n}{P'e} + \frac{F^n}{P'}, \bar{Y} \underset{+}{-} \bar{T}\right) - A_{St} \right] \quad (2)$$

Die Systemdynamik kann mit Hilfe von Phasendiagrammen verdeutlicht werden:

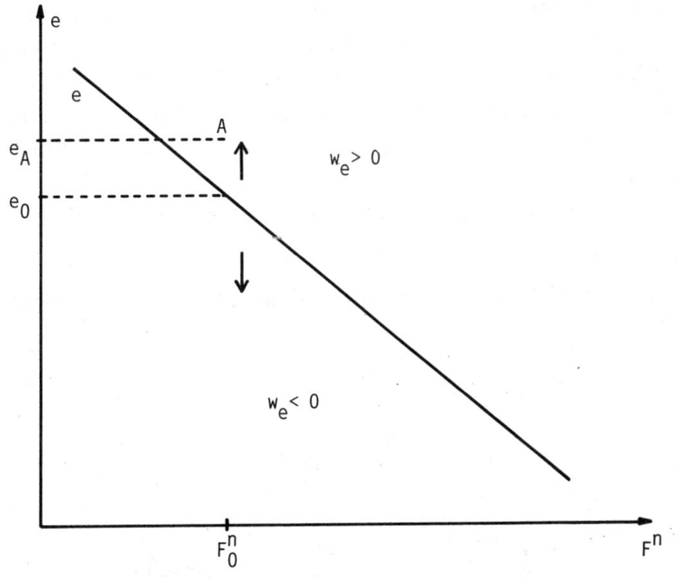

Abbildung 3

Die (e,e)-Kurve ist der geometrische Ort aller Wechselkurs-Devisenkombinationen, für die Gleichgewicht auf dem Geldmarkt herrscht und keine Änderung des Wechselkurses erwartet wird.

Angenommen der Devisenbestand habe eine Höhe von F^n_o; bei $w_e = 0$ erfordert Geldmarktgleichgewicht einen Wechselkurs in Höhe von e_o. Das Niveau e_A impliziert dagegen eine Übernachfrage.

Wird nun eine *Abwertung erwartet*, dann ist ein Gleichgewicht auf dem Geldmarkt auch *abseits* von der (e, e)-Kurve möglich. Bei $F^n = F^n_0$ ist $e = e_A$ mit Geldmarktgleichgewicht vereinbar, wenn die Anleger eine *Abwertung* erwarten. Da aber erwartete gleich tatsächlicher Abwertung ist, bedeutet eine Situation, wie sie durch den Punkt $e = e_A$ abgebildet wird, einen im Zeitablauf steigenden Wechselkurs. Weil gilt:

$$\frac{dw_e}{de} > 0,$$

bewegt sich das System von der (e,e)-Kurve weg. Entsprechend sind Punkte unterhalb der (e, e)-Kurve mit Geldmarktgleichgewicht vereinbar, wenn die Anleger eine Aufwertung erwarten. Damit verbunden ist dann ein im Zeitablauf sinkender Wechselkurs, der das System wiederum von der (e, e)-Kurve wegführt.

Entsprechend kann eine Kurve konstruiert werden, die der geometrische Ort derjenigen Wechselkurs-Devisenkombinationen ist, für welche die Leistungsbilanz ausgeglichen ist. Sie hat, wie leicht nachgewiesen werden kann, eine positive Steigung. Punkte oberhalb der Kurve bezeichnen eine Überschuß-Punkte unterhalb der Kurve eine Defizitsituation. Beide Phasenkurven lassen Ungleichgewichtssituationen zu, die durch die Bereiche I, II, III und IV beschrieben werden.

Wiederum bewegt sich das System von der (e,e)-Kurve weg.

Die (F^n, F^n)-Kurve bleibt gegenüber dem Fall statischer Erwartungen unverändert.

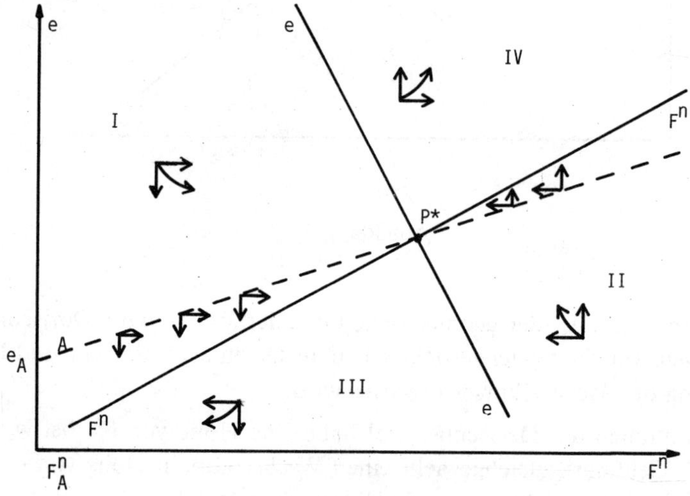

Abbildung 4

Die möglichen Ungleichgewichtssituationen werden durch die Bereiche I, II, III und IV beschrieben.

In I liegt ein *Überschuß* in der Leistungsbilanz vor; ferner erwarten die Anleger eine *Aufwertung*. Angenommen, die augenblickliche Systemsituation werde durch den Punkt A wiedergegeben. Der mit F_A^n verbundene Wechselkurs, e_A, ist zu klein, als daß für $w_e = 0$ Geldmarktgleichgewicht herrschen könnte; vielmehr erfordert eine Übereinstimmung von Geldangebot und -nachfrage die Erwartung einer Aufwertung.

Mit dem Überschuß in der Leistungsbilanz verbunden sind steigende „foreign balances". Jedes höhere Niveau an Devisen hat ein höheres Geldnachfrageniveau zur Folge. Damit sinkt diejenige Aufwertungsrate, die notwendig ist, um ein Geldmarktgleichgewicht zu garantieren. Das System bewegt sich nicht allein zur $(\dot{F}^n, F^n)$-Kurve hin, sondern auch zur $(\dot{e}, e)$-Kurve.

Wenn die $(\dot{e}, e)$-Kurve *früher* erreicht wird als die $(\dot{F}^n, F^n)$-Kurve, ist mit weiter steigenden „foreign balances" die Erwartung einer Abwertung verbunden. Das System gerät in einen *Hyperinflationsprozeß.*

Wird die $(\dot{F}^n, F^n)$-Kurve *vor* der $(\dot{e}, e)$-Kurve erreicht, induziert der andauernde Aufwertungsprozeß ein Defizit in der Leistungsbilanz. Das System gerät in einen *Hyperdeflationsprozeß.*

Welche Situation konkret eintritt, hängt entscheidend von den *Anfangswerten* ab; m.a.W., es liegt eine *Sattelpunktlösung* vor[55].

Die Chance für eine *Konvergenz* zum langfristigen Gleichgewicht ist im übrigen *nur in den Bereichen I und II* gegeben. Tritt dagegen ein Leistungsbilanzüberschuß (-defizit) zusammen mit der Erwartung einer Abwertung (Aufwertung) auf, ist das System auf jeden Fall instabil.

Formal kann das System auf eine Differentialgleichung zweiter Ordnung reduziert werden[56]:

(1a) $$w_e = w_e(\underset{+}{e}, \underset{-}{F^n})$$

(2) $$\dot{F}^n = P' \cdot \left[\bar{Y} - C\left(\frac{M^n}{P'e} + \frac{F^n}{P'}, \bar{Y} - \bar{T}\right) - A_{St} \right]$$

Im Interesse einer leichteren analytischen Handhabung definiert Kouri:

(3) $$\ln \dot{e} = w_e$$

Somit kann für das dynamische System geschrieben werden:

(1b) $$\ln \dot{e} = \ln \dot{e}(\ln e, \underset{+}{F^n})$$

(2a) $$\dot{F}^n = \dot{F}^n(\underset{-}{\ln e}, \underset{-}{F^n})$$

[55] Vgl. dazu z.B. *M.D. Intrilligator* (1971), S. 27 f.

[56] Vgl. zu „simultaneous equation models" Dernburg & Dernburg (1969), S. 242-259.

Eine Sattelpunktlösung liegt vor, wenn gilt:

$$\frac{\mathrm{dln}\dot{e}}{\mathrm{dln}^{n}} + \frac{\mathrm{dln}\dot{F}^{n}}{\mathrm{dlne}} < 0$$

Im Rahmen einer geschlossenen Volkswirtschaft ist die hohe Wahrscheinlichkeit, daß bei „myopic perfect foresight“ das System instabil wird, falls stets Vermögensbestandsgleichgewicht herrscht, vielfach gezeigt worden.

> „It is a standard result in the literature on modern monetary dynamics that when markets are cleared and expectations are of the „Myopic Perfect Foresight“ variety, the resulting model is unstable[57]:“

Kouri verdeutlicht nun, daß dies im Rahmen einer offenen Volkswirtschaft bedeutet, daß eine Wechselkursentwicklung entlang der Kaufkraftparität unmöglich wird. Aus dieser Erkenntnis heraus verzichtet er auf eine komparativ-statische Analyse.

2.3 „Long-Run Perfect Foresight“

2.3.1 Allgemeine Charakterisierung der Erwartungshypothese

„Long-run perfect foresight“ bedeutet, wie bereits bei der Darstellung von Dornbusch 1976b verdeutlicht, daß die Wirtschaftssubjekte den stationären Gleichgewichtswert des Wechselkurses kennen, für den gilt:

$$e^{+} = e^{+}(M^{n}; P'), \text{ mit } \hat{e}^{+} = \hat{M}^{n} \text{ und}$$
$$\hat{e}^{+} = -\hat{P}'$$

Eine Änderung des Wechselkurses wird dann erwartet, wenn der aktuelle vom stationären Wert abweicht.

Allgemein kann geschrieben werden: $\epsilon = \epsilon\,(e^{*}{}_{+} - e)$, wobei in die Funktionsvorschrift die Charakteristika des Anpassungsprozesses eingehen, der den Anlegern ebenfalls bekannt ist.

Kouri beläßt es im Falle von „long-run perfect foresight“ bei einer *verbalen* Beschreibung der Systemvorgänge. Daraus geht aber hervor, daß die Erwartungshypothese auch *kurzfristig* von Bedeutung ist. Dies kann damit begründet werden, daß sich erwartete Wechselkursänderungen auf zukünftige Perioden richten und somit durchaus in einem Modell berücksichtigt werden können, in dem die *aktuelle* Änderungsrate des Wechselkurses gleich Null ist.

Das die langfristige Betrachtungsperiode abbildende Modell entspricht wiederum dem Fall statischer Erwartungen.

---

[57] *M. Hadjimichalakis* (1981), S. 157.

2.3.2 Mittelfristige Betrachtungsperiode: Die Stabilität des Systems

Für das Modell folgt nun:

(1) $$\frac{M^n}{P'e} = L\,(\underset{+}{\frac{M^n}{P'e} + \frac{F^n}{P'}},\ \underset{-}{\epsilon},\ \underset{-}{\overline{Y}})$$

(2) $$\epsilon = \epsilon\left[\, e^*(\underset{+}{M^n},\ \underset{-}{P'}) - e\,\right]$$

(3) $$\frac{1}{P'}\,\dot{F}^n = \overline{Y} - C\,(\underset{+}{\frac{M^n}{P'e} + \frac{F^n}{P'}}\,\underset{+}{\overline{Y}} - \overline{T}) - A_{St}$$

Aus der totalen Differentiation von (1) folgt für $\overline{M}^n$, $\overline{P}$ und $\overline{Y}$:

$$-\ M(1-\frac{\partial L}{\partial W})\hat{c} - \frac{\partial L}{\partial W}\,F\,\hat{F}^n - \frac{\partial L}{\partial \epsilon}\,\frac{\partial \epsilon}{\partial e}\,c\hat{c} = 0$$

(4) $$\hat{e} = \frac{-\dfrac{\partial L}{\partial W}\,F\,\hat{F}^n}{M\,(1-\dfrac{\partial L}{\partial W}) + \underset{<0}{\dfrac{\partial L}{\partial \epsilon}}\,\underset{<0}{\dfrac{\partial \epsilon}{\partial e}}\cdot e} \overset{0}{}$$

Wie unter der Annahme von statischen Erwartungen indzuziert ein Anstieg der „foreign balances“ eine Aufwertung. Der Nenner ist ein Ausdruck für die „feedbacks“: Sinkt der Wechselkurs, steigt das reale Geldangebot. Im Falle von statischen Erwartungen stieg die Geldnachfrage infolge eines höheren Niveaus des Realvermögens. Nun ist zusätzlich zu berücksichtigen, daß bei konstantem e^+ die Erwartung einer *Abwertung* entsteht; ceteris paribus sinkt die Geldnachfrage. Unter der Annahme von „long-run perfect foresight“ wird somit die mit steigenden F^n verbundene Aufwertung kleiner ausfallen.

Eingesetzt in die Bestimmungsgleichung für die Änderung der „foreign balances“ folgt:

(3a) $$\frac{\dot{F}^n}{P'} = \overline{Y} - C\,(\frac{M^n}{P'e(\underset{-}{F^n})} + \frac{F^n}{P'},\ \overline{Y} - \overline{T}) - A_{St}$$

Das System *konvergiert* zum stationären Gleichgewicht, allerdings mit einer *geringeren* Anpassungsgeschwindigkeit als im Falle von statischen Erwartungen.

2.3.3 Effekte einer Devisenmarktintervention

2.3.3.1 Kurzfristige Systemreaktion

Kauft die Zentralbank Devisen und finanziert diese Transaktion durch Geldschöpfung, *steigt* der langfristig erwartete Wechselkurs. Damit verbunden ist ein Rückgang der Geldnachfrage bei gegebenem aktuellen Niveau von e. Im Vergleich zum Fall statischer Erwartungen fällt das *Überangebot* auf dem *Geld*markt *stärker* aus. Allerdings sind auch die mit einer Abwertung verbundenen „feedbacks" größer. Insgesamt folgt:

(1)
$$\hat{e} = \frac{M - \frac{\partial L}{\partial \epsilon} \frac{\partial \epsilon}{\partial (e \pm e)} \cdot e^*}{M(1-\frac{\partial L}{\partial W}) - \frac{\partial L}{\partial \epsilon} \cdot \frac{\partial \epsilon}{\partial (e^* - e)} e} \hat{M}^n$$

Auch jetzt ist von einem *„overshooting"* des Wechselkurses auszugehen, allerdings in *geringerem* Umfang als bei statischen Erwartungen. Da der aktuelle Wechselkurs den langfristigen übersteigt, erwarten die Anleger nun eine Aufwertung, in dessen Folge L steigt.

2.3.3.2 Mittel- und langfristige Systemreaktion

Steigende „foreign balances" infolge des Überschusses in der Leistungsbilanz führen zu einer *Aufwertung*. Damit geht die positive Differenz zwischen aktuellem und langfristig erwartetem Niveau des Wechselkurses zurück, d.h., die erwartete Aufwertung nimmt ab. Die Zunahme der Geldnachfrage wird gebremst. Der Anpassungsprozeß verläuft also im Vergleich zum Fall statischer Erwartungen langsamer ab. Er ist wiederum beendet, wenn dem Anstieg der Geldmenge ein Anstieg des Wechselkurses und damit des Preisniveaus entspricht.

2.3.4 Effekte eines Anstiegs des Weltmarktpreises

2.3.4.1 Kurzfristige Systemreaktion

Im Falle von statischen Erwartungen war sowohl ein Überangebot als auch eine Übernachfrage auf dem Geldmarkt möglich. Nun ist zu berücksichtigen, daß infolge des Anstiegs von P' der langfristig erwartete Wechselkurs sinkt; damit verbunden ist ceteris paribus ein Anstieg der Geldnachfrage. Die Wahrscheinlichkeit einer Aufwertung steigt:

(1)
$$\hat{E} = \frac{M\,(1-\frac{\partial L}{\partial W}) - \frac{\partial L}{\partial W}\,F - \frac{\partial L}{\partial \epsilon}\cdot\frac{\partial \epsilon}{\partial(e \pm e)}\,e^{+}}{M\,(1-\frac{\partial L}{\partial W}) - \frac{\partial L}{\partial \epsilon}\cdot\frac{\partial \epsilon}{\partial(e \pm e)}\,e}\,\hat{P}',$$

Dabei ist für den Fall einer Übernachfrage auf dem Geldmarkt wiederum von einer *unterproportionalen* Aufwertung auszugehen. Damit bleibt $\epsilon < 0$. Auf jeden Fall sinkt das Realvermögen; die Leistungsbilanz gerät in eine Überschußposition.

2.3.4.2 Mittel- und langfristige Systemreaktion

Steigende „foreign balances“ lösen eine Aufwertung aus. Damit verbunden ist ein Deflationsprozeß, der sein Ende findet, wenn der Wechselkurs proportional zum Anstieg des Weltmarktpreises gesunken ist. Da mit dem Rückgang des aktuellen Wechselkurses die erwartete Aufwertung sinkt, verläuft die *Deflation gedämpfter* als im Falle von statischen Erwartungen.

2.4 Adaptive Erwartungen

2.4.1 Formalisierung der Erwartungshypothese

Grundlage ist die Hypothese, daß die Wirtschaftssubjekte den für die Zukunft erwarteten Wechselkurs immer dann ändern, wenn der aktuelle und der für die laufende Periode erwartete Wert divergieren. In diskreter Schreibweise gilt für den Grundsatz:

$$e^e_{t+1} - e^e_t = \Theta_A \cdot (e_t - e^e_t)$$

Dieser kann auf eine rekursive Form zurückgeführt werden, die im übrigen auch von *Dornbusch (1976a)* verwendet worden ist.

Da der Wechselkurs im Dornbusch Modell die einzige verzögert reagierende Variable ist, wirft die Einführung dieses diskreten Ansatzes in sein sonst kontinuierliches Modell keine Probleme auf. Anders ist die Situation im Rahmen des „asset approach“ vom Typ B zu beurteilen. Neben der Wechselkursanpassung ist die Akkumulation bzw. Dekumulation von nominellen „foreign balances“ zu berücksichtigen. Entweder muß somit auch das gesamte Modell in diskreter oder aber in kontinuierlicher Schreibweise formuliert werden.

Für die Änderung des *erwarteten* Wechselkurses folgt danach:

$$\dot{e}^e = \Theta_A \cdot (e - e^e)$$

Davon zu unterscheiden ist nun allerdings die erwartete Änderung des *aktuellen* Wechselkurses, ϵ, für die in diskreter Schreibweise gilt:

$$(e_{t+1} - e_t)^e = e^e_{t+1} - e_t$$

In kontinuierlicher Schreibweise entspricht dem wohlbemerkt nicht die Differenz zwischen e^e und e, da mit ersterem der für den *augenblicklichen* Zeitpunkt maßgebende, nicht aber der zukünftige Wechselkurs gemeint ist.

Als Ausweg aus diesem Dilemma, wird im folgenden unterstellt, daß die Anleger dann mit einer Änderung der erwarteten Abwertungsrate (Aufwertungsrate) rechnen, wenn laufende tatsächliche und erwartete Wechselkursänderung divergieren: $\epsilon = \Theta_A \cdot (w_e - \epsilon)$. Dies entspricht der Konzeption Kouris.

2.4.2 Die Stabilität des Systems im Falle von adaptiven Erwartungen

Kouri geht davon aus, daß adaptive Erwartungen *kurzfristig* ohne Bedeutung für das Systemverhalten sind. Analoges gilt für das stationäre Gleichgewicht. Bedeutsam sind sie somit im Rahmen der mittelfristigen Betrachtungsperiode:

(1) $$\frac{M^n}{P'e} = L(\underset{+}{\frac{M^n}{P'e} + \frac{F^n}{P'}}, \underset{-}{\epsilon}, \underset{+}{\overline{Y}})$$

(2) $$\dot{\epsilon} = \Theta_A \cdot (w_e - \epsilon) \qquad 0 < \Theta_A < 1$$

(3) $$\frac{\dot{F}^n}{P'} = \overline{Y} - C(\underset{+}{\frac{M^n}{P'e}} + \underset{+}{\frac{\overline{F^n}}{P'}} Y) - A_{St}$$

Die Änderungsrate des tatsächlichen Wechselkurses wird ermittelt durch totale Differentiation der Gleichgewichtsbedingung für den Geldmarkt nach der Zeit:

(4) $$w_e = -\frac{\frac{\partial L}{\partial \epsilon}}{M(1 - \frac{\partial L}{\partial W})} \dot{\epsilon} - \frac{\frac{\partial L}{\partial W}}{M(1 - \frac{\partial L}{\partial W})} \frac{1}{P'} \dot{F}^n$$

Eingesetzt in Gleichung 2, folgt:

(2a)
$$\dot{\epsilon} = \frac{-\Theta_A}{M(1-\frac{\partial L}{\partial W}) + \frac{\partial L}{\partial \epsilon}} \left(\frac{\partial L}{\partial W} \frac{1}{P'} \dot{F}^n + \epsilon\right)$$

Aus 1 kann ferner für das absolute Niveau des Wechselkurses gefolgert werden:

(1a)
$$e = e(\underset{-}{\frac{F^n}{P'}}, \underset{+}{\epsilon})$$

Für Gleichung 2 kann somit geschrieben werden:

(2b)
$$\dot{\epsilon} = \frac{-\Theta_A}{M(1-\frac{\partial L}{\partial W}) + \frac{\partial L}{\partial \epsilon}} \left[Y - C\,(\overline{Y}-\overline{T}, \frac{M}{e\,(F^n, \epsilon)\,P'} + \frac{F^n}{P'}) - A_{St} + \epsilon \right]$$

Dabei gilt:

$$\frac{\dot{\epsilon}}{\partial F^n} = \frac{\Theta_A}{M(1-\frac{\partial L}{\partial W}) + \frac{\partial L}{\partial \epsilon}} \left[\frac{\partial C}{\partial W} \frac{1}{P'} - \frac{\partial C}{\partial W} = \frac{m^n}{(P'e)\,2} P' \frac{\partial e}{\partial F^n} \right] > 0$$

für: $M(1- \frac{\partial L}{\partial W} + \frac{\partial L}{\partial \epsilon}) > 0$

Angenommen, die tatsächliche Rate der Abwertung übersteige den erwarteten Wert. In diesem Fall ist $\dot{\epsilon}$ größer als Null. Die erwartete steigende Rate führt bei gegebener tatsächlicher Rate zu einem sukzessiven Abbau des Erwartungsirrtums.

Nun reagiert aber auch die *tatsächliche* Abwertungsrate auf Änderungen der erwarteten Abwertung, und zwar bei gegebenem Bestand an „foreign balances“ in dieselbe Richtung. Da annahmegemäß gilt: $0 < \Theta_A < 1$, hat das aber keine destabilisierenden Folgen.

Schließlich ist der Einfluß der *„foreign balances“* zu berücksichtigen: Steigt ϵ, so steigt über die sinkende Geldnachfrage das absolute Niveau des Wechselkurses und induziert einen Überschuß in der Leistungsbilanz. Damit verbunden ist ein Anstieg des Devisenbestandes der Privaten. Über die Konsumnachfrage wird dadurch die Akkumulation von „foreign balances“ gebremst; w_e steigt.

Insgesamt kann für (2b) geschrieben werden:

(2c)
$$\dot{\epsilon} = \dot{\epsilon}\,(\underset{+}{F^n}, \underset{-}{\epsilon})$$

Für die Änderung der „foreign balances“ folgt:

(3a)
$$\dot{F}^n = \dot{F}^n\,(\underset{-}{F^n}, \underset{+}{\epsilon})$$

Das System kann auf eine Differentialgleichung zweiter Ordnung zurückgeführt werden. Systemstabilität erfordert:

$$\frac{\partial \dot{F}^n}{\partial F^n} < 0, \frac{\partial \epsilon}{\partial \epsilon} < 0;$$

$$\frac{\partial \dot{F}^n}{\partial F^n} \cdot \frac{\partial \epsilon}{\partial \epsilon} - \frac{\partial \epsilon}{\partial F^n} \cdot \frac{\partial \dot{F}^n}{\partial \epsilon} > 0;$$

Das dynamische Systemverhalten kann wie folgt graphisch verdeutlicht werden:

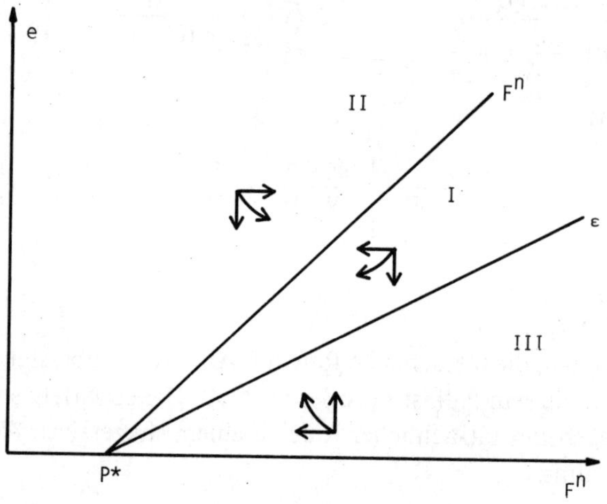

Abbildung 5

Die (ϵ, ϵ)-Kurve ist der geometrische Ort derjenigen (ϵ, F^n)-Kombinationen, für welche die Anleger keinem Erwartungsirrtum unterliegen. Die (F^n, F^n)-Kurve ist der geometrische Ort derjenigen (ϵ, F^n)-Kombinationen, für welche die Leistungsbilanz ausgeglichen ist. Stabil ist das System, falls die (F^n, F^n)-Kurve *steiler* als die (ϵ, ϵ)-Kurve verläuft. Dies ist dann erfüllt, wenn infolge eines Anstiegs der erwarteten Abwertung die Zunahme der „foreign balances", die notwendig ist, um die Leistungsbilanz ins Gleichgewicht zu bringen, *kleiner* ist, als diejenige, die erforderlich ist, um einen bestehenden Erwartungsirrtum bezüglich der Wechselkursentwicklung abzubauen.

Gleichzeitig wird deutlich, daß die Anpassung im Bereich I *stetig* verläuft, während für den Fall eines Zusammentreffens von Leistungsbilanzüberschuß (-defizit) mit $\epsilon < 0$ ($\epsilon > 0$) Zyklen notwendig sind, soll das System stabil sein. Da im Hinblick auf Parameteränderungen Unterschiede zum Fall statischer Erwartungen nicht bestehen, soll im folgenden auf eine detaillierte Analyse verzichtet werden. Was die mittlere Frist anbelangt, so seien beispielhaft die Effekte einer Devisenmarktintervention diskutiert.

Angenommen, im Rahmen einer Devisenmarktintervention werde die Geldmenge *erhöht*. Damit verbunden ist kurzfristig eine Abwertung, derzufolge die Leistungsbilanz in eine *Überschußposition* gerät. Der Aufwertungsprozeß führt zu $\dot{\epsilon} < 0$.

Damit gerät das System, bezogen auf obige Graphik, in den Bereich ??, eine zyklische Anpassung ist notwendig. Analoges gilt für den Fall eines Anstiegs von P'.

3. Die Bedeutung eines öffentlichen Budgetdefizits im Kouri-Modell

Ein staatliches Budgetdefizit entsteht, wenn die Staatsausgaben die Steuereinnahmen übersteigen. Kouri unterstellt nun, daß die damit verbundene Wachstumsrate der nominellen Geldmenge exogen festgelegt wird. Dies ermöglicht eine Vereinbarkeit eines unausgeglichenen Staatshaushalts mit dem stationären Gleichgewicht, wenn die Inflationsrate dem Geldmengenwachstum entspricht. Damit aber ist der Wechselkurs langfristig nicht mehr konstant: vielmehr steigt er ebenfalls proportional zur nominellen Geldmenge. Da der Realwert der „foreign balances“ nicht vom Wechselkurs beeinflußt wird, ist nun auch langfristig eine ausgeglichene Leistungsbilanz erforderlich. Kurzfristig hingegen ergeben sich im Vergleich zum Fall eines ausgeglichenen Staatshaushalts keine Änderungen. Ebenso bleiben die Stabilitätsbedingungen unter alternativen Erwartungshypothesen dieselben.

Als zusätzliche Parameteränderung berücksichtigt Kouri die Möglichkeit, daß das staatliche Budgetdefizit steigt. Ein Anstieg führt dazu, daß langfristig die Rate der Abwertung und damit die Inflationsrate proportional zunimmt. Darüber hinaus sinkt der Realwert der inländischen Geldmenge. F hingegen kann sowohl steigen als auch fallen. Das hat zur Konsequenz, daß der Anpassungsprozeß sowohl von einem Überschuß als auch einem Defizit in der Leistungsbilanz begleitet werden kann.

Die kurzfristige Systemreaktion wird im Falle von *statischen* Erwartungen durch die Reaktion der Güternachfrage bestimmt: Einem höheren Budgetdefizit entspricht ein Anstieg der Staatsausgaben. Die Leistungsbilanz gerät in eine Defizitposition. Möglich ist es nun allerdings, daß im Zuge des Anpassungsprozesses doch noch ein Exportüberschuß realisiert werden kann. Dasselbe gilt für den Fall, daß die Anleger adaptive Erwartungen haben.

4. Überblick über einige Modifikationen des Kouri-Modells

Calvo und Rodriguez[58] haben das Modell Kouris um die Annahme erweitert, daß die betrachtete Volkswirtschaft zwei Güter produziert, von denen eines international gehandelt wird und zu dem auf dem Weltmarkt angebotenen in einer *vollständigen* Substitutionsbeziehung steht.

Im Mittelpunkt der Analyse steht die Frage, ob die Existenz eines reinen Binnengutes die Stabilitätseigenschaften des Modells bei „myopic perfect foresight" beeinflußt. Dabei wird der Binnengutpreis als Deflator verwendet.

Die Wachstumsrate der nominellen Geldmenge ist wie im Kouri-Modell konstant. Allerdings bleibt ein staatliches Budgetdefizit unberücksichtigt.

Wenn neben dem international gehandelten ein reines Binnengut berücksichtigt wird, sind Angebot an und Nachfrage nach beiden Gütern auch von relativen Güterpreis $q = \frac{P_{Te}}{P_N}$ abhängig. Stationäres Gleichgewicht erfordert nun zusätzlich zur Konstanz des Realvermögens, daß sich q im Zeitablauf nicht ändert. Analog sind Abweichungen von diesem „stationary state" sowohl mit einer unausgeglichenen Leistungsbilanz als auch mit sich ändernden relativen Güterpreisen verbunden.

Bedeutsam für die Stabilität des Systems ist dabei, daß der Saldo der Leistungsbilanz zusätzlich zum Realvermögen vom relativen Güterpreis abhängt. Diese Beziehung wirkt nun bei „myopic perfect foresight" stabilisierend, falls die Marshall-Lerner-Bedingung erfüllt ist. Dann nämlich hat eine Akkumulation von Devisen, die das Binnengut relativ zum international gehandelten Gut verteuert, ceteris paribus eine Abnahme des Leistungsbilanzüberschusses zur Folge.

D.W. Henderson[59] modifiziert das Kouri-Modell um die folgenden Annahmen:

1. Zwischen den international gehandelten Gütern besteht nun eine *unvollständige* Substitutionsbeziehung.
2. Der Staatshaushalt ist ausgeglichen.
3. Die Wirtschaftssubjekte verfügen stets über „long-run perfect foresight".

---

[58] Vgl. *G. Calvo, C.A. Rodriguez* (1977).

[59] Vgl. *D.W. Henderson* (1980).

Ein weiterer Unterschied sowohl zum Kouri-Modell als auch zum Beitrag von Calvo-Rodriguez ist darin zu sehen, daß Henderson neben einer Vollbeschäftigungsvariante auch die Möglichkeit einer variablen Beschäftigung in Betracht zieht.

Auch im Henderson-Modell ist im langfristigen Gleichgewicht die Konstanz des Verhältnisses zwischen in- und ausländischem Güterpreis (hier: der „terms of trade“) gefordert. Ebenso spielen für das System außerhalb der langfristigen Periode neben der Realvermögensänderung die Variationen der „terms of trade“ eine Rolle. Diese wiederum beeinflussen den Saldo in der Leistungsbilanz nicht nur über die Substitutionsbeziehung zwischen in- und ausländischen Gütern sondern auch über die Kaufkraft des Vermögens und des Einkommens. Letzteres folgt aus der Deflation des Nominaleinkommens mit einem aus in- und ausländischen Preisen zusammengesetzten Index. Sinken die „terms of trade“, definiert als Quotient aus dem inländischen Güterpreis und dem ausländischen Preis in Inlandswährung, geht auch das Einkommen zurück. Andererseits steigt das Realvermögen. Damit besteht — auch, wenn die Marshall-Lerner-Bedingung erfüllt ist — keine eindeutige Beziehung mehr zwischen den „terms of trade“ und der Leistungsbilanz.

In seiner Vollbeschäftigungsvariante — und nur diese soll hier skizziert werden — herrscht stets Gütermarktgleichgewicht. Unter den Annahmen des Kouri-Modells war für die Stabilität des Systems entscheidend, daß infolge eines Anstiegs der „foreign balances“ auch die heimische reale Geldmenge zunimmt. Hinreichend und notwendig dafür war eine Aufwertung. Sind in- und ausländisches Gut unvollständig substitutiv und wird mit einem Preisindex deflationiert, reicht das indessen nicht mehr aus:

1. Die unvollständige Substitutionsbeziehung führt dazu, daß die „terms of trade“ für den Anpassungsprozeß eine bedeutende Rolle spielen, und zwar einmal unmittelbar über die Import- und Exportelastizitäten, und zum anderen über das Realeinkommen und die „real foreign balances“.
2. Die Deflationierung mit einem Preisindex führt dazu, daß der Realwert der inländischen Geldmenge zusätzlich durch den inländischen Güterpreis bestimmt wird, für den wiederum Güterangebot und -nachfrage im Inland entscheidend sind.

Falls nun die Marshall-Lerner-Bedingung erfüllt, ist das System dann stabil, wenn eine Akkumulation von Devisen mit einem Anstieg der „terms of trade“ und des Realvermögens verbunden ist[60].

---

[60] Vgl. *D.W. Henderson* (1980), S. 174 ff.

Als Beispiel für einen exogenen Systemanstoß untersucht Henderson einen Kauf von Devisen durch die heimische Zentralbank[61]. Kurzfristig ist in dessen Folge wie im Kouri-Modell ein „overshooting" des Wechselkurses zu erwarten:

„This result arises because changes in real wealth affect the markets for the home good and home money. If changes in wealth affect either market ..., the exchange rate overshoots[62]".

Einem Anstieg des Wechselkurses entsprach im Kouri-Modell ein Anstieg des Güterpreises in demselben Ausmaß. Bei unvollständiger Substitutivität steigt P mit der Geldmenge nur dann, wenn auf dem Gütermarkt eine *Übernachfrage* entsteht: Einerseits steigen mit dem Wechselkurs die „foreign balances" und damit die Konsumnachfrage der Inländer; ferner steigt die Exportnachfrage. Andererseits geht die inländische Güternachfrage infolge sinkender „real home balances" und infolge eines sinkenden Realeinkommens zurück. Henderson geht davon aus, daß per Saldo eine Übernachfrage entsteht:

„... the price of the home good rises[63]:"

„The price of the home good may overshoot or undershoot its new stationary equilibrium level[64]:"

Infolge der oben genannten Effekte ist davon auszugehen, daß der Wechselkurs stärker steigt als der Güterpreis[65]. Damit verbunden sind rückläufige „terms of trade". Annahmegemäß verbessert sich dadurch die Leistungsbilanz. Da der Preisindex gestiegen ist, sind die „real home balances" gesunken; dagegen nehmen die „real foreign balances" zu. Dominiert erstgenannter Effekt, gerät die Leistungsbilanz in eine *Überschußposition*. Davon geht Henderson aus[66].

Infolgedessen kommt es zu einer Akkumulation von „foreign balances", begleitet von einem Prozeß der *Aufwertung*. War anfänglich ein „obershooting" des inländischen Güterpreises zu konstatieren, so ist der Anpassungsprozeß von Deflation, andernfalls von Inflation begleitet. Auf jeden Fall steigen die „terms of trade".

Langfristiges Gleichgewicht ist wiederum nur mit dem anfänglichen Niveau der „real home balances" vereinbar. Damit sind dieselben Ergebnisse wie im Kouri-Modell zu erwarten.

---

[61] Vgl. ebenda, S. 168 ff.

[62] Ebenda, S. 173.

[63] Ebenda, S. 172.

[64] Ebenda, S. 173.

[65] Vgl. ebenda, S. 174.

[66] Vgl. ebenda, S. 174 ff.

Neben Modellen, die eine Substitutionsbeziehung zwischen in- und ausländischer Währung unterstellen, haben Ansätze Beachtung gefunden, in denen davon ausgegangen wird, daß *verzinsliche Wertpapiere* international gehandelt werden. Schwerpunktmäßig wird unterstellt, daß die Substitutionsbeziehung zwischen in- und ausländischen Wertpapieren unvollständig ist[67]. Annahmegemäß halten Ausländer keine inländischen Wertpapiere. Die einzelnen Ansätze unterscheiden sich im wesentlichen

1. durch die Art der berücksichtigten Wertpapiere,
2. durch die Erwartungshypothese bezüglich Wechselkurs und Güterpreis,
3. durch die Substitutionsbeziehung zwischen in- und ausländischen Gütern,
4. durch die Annahme bezüglich der Entwicklung der Weltmarktpreise,
5. durch die Art und Weise, wie Staatsausgaben finanziert werden.

Alle Ansätze unterstellen Vollbeschäftigung; ferner wird übereinstimmend davon ausgegangen, daß das betrachtete Land nur ein Gut produziert. Schließlich wird, im Unterschied zu vorangehenden Ansätzen, angenommen, daß kurzfristig nur der finanzwirtschaftliche Sektor auf exogene Schocks reagiert.

Als Grundansatz kann der Beitrag von *W. Branson*[68] betrachtet werden. Bezeichnend ist die lückenhafte Formalisierung des realwirtschaftlichen Sektors. Das Interesse des Autors ist vor allem auf die finanzwirtschaftlichen Variablen gerichtet. Als Vermögensanlagen fungieren neben Kasse *festverzinsliche* Wertpapiere mit unendlich langer Laufzeit. Eines davon wird im Inland emittiert und nur von inländischen Haushalten gehalten. Es steht in einer *unvollständigen* Substitutionsbeziehung zu einem im Ausland emittierten Wertpapier. Schwerpunktmäßig geht Branson von *statischen* Erwartungen aus. Nur am Rande skizziert er mögliche Konsequenzen einer mit steigendem Wechselkurs sinkenden Abwertungserwartung.

Die Substitutionsbeziehung zwischen dem in- und ausländischen Gut ist unvollständig; der Weltmarktpreis ist konstant und der Staatshaushalt ausgeglichen.

Wechselkurs und inländischer Zins sorgen kurzfristig dafür, daß die exogen gegebene Vermögensstruktur von den Haushalten auch akzeptiert wird. Eine Vermögensänderung im Zeitablauf wird wiederum durch eine unausgeglichene Leistungsbilanz induziert, die nun um die Zinseinkommen

[67] Eine Ausnahme bilden *St. Turnovsky, G.H. Kingston* (1977).

[68] *Branson* (1976), A. 12.

aus dem Ausland von der Handelsbilanz abweicht. Die Handelsbilanz wird annahmegemäß ausschließlich durch die „terms of trade" bestimmt, wobei die Marshall-Lerner-Bedingung als erfüllt betrachtet wird. Jeder Überschuß bzw. jedes Defizit in der Leistungsbilanz kann durch eine Akkumulation bzw. Dekumulation von *ausländischen Wertpapieren* kompensiert werden. Da der Wechselkurs mit steigendem Bestand an ausländischen Vermögensanlagen zurückgeht, wirkt die Erfüllung der Marshall-Lerner-Bedingung stabilisierend. Sie reicht aber nicht aus, um die Konvergenz zum stationären Gleichgewicht zu gewährleisten, wie die folgende Argumentation zu verdeutlichen vermag:

Angenommen, es liegt ein Überschuß in der Leistungsbilanz vor, demzufolge „foreign assets" akkumuliert werden. Bei gegebenem Wechselkurs und Preisniveau ist damit ein *Anstieg* der Zinseinkommen aus dem Ausland verbunden, was einen Überschuß in der Leistungsbilanz noch verschärft. Zwar geht auch der Wechselkurs zurück, aber aufgrund rückläufigen inländischen Zinssatzes unterproportional. Bei gegebenem Preisniveau darf dieser Zinseinkommenseffekt nicht dominieren, falls die Marshall-Lerner-Bedingung erfüllt ist.

Bransons Modell enthält keine Formalisierung des Gütermarktes. Bezüglich des *Preisniveaus* geht er von der folgenden Hypothese aus: „It is safe to assume that the domestic price level will be increased by the money stock increase, but at most proportionally;

$$P = P(M^n), \text{ with } 0 > \frac{\frac{dP}{P}}{\frac{dM^n}{M^n}} \leq$$ [68]:"

Ferner geht er von einer verzögerten Preisanpassung aus: „... the price level reaction comes gradually over time ...[69]:" Wir die Geldmenge erhöht, so entsteht bei gegebenem Preisniveau ein *Überschuß* in der Leistungsbilanz: Der Anstieg des Preisniveaus verbessert zwar ceteris paribus die „terms of trade", vermag aber annahmegemäß per Saldo kein Defizit in der Handelsbilanz zu induzieren. M.a.W., das Preisniveau steigt *unterproportional* zum Wechselkurs. Bei gegebenem Bestand an „foreign assets" impliziert das einen Anstieg der Zinseinkommen aus dem Ausland.

Stabilität erfordert nun, daß sich die „terms of trade" mit steigendem Bestand an „foreign assets" verschlechtern. Hinreichend für die Konvergenz zum langfristigen Gleichgewicht ist dabei ein Ausmaß der Verschlechterung, das zu einem Rückgang der Zinseinkommen aus dem Ausland führt.

---

[69] Ebenda, A. 12.

Eine explizite Darstellung des langfristigen Gleichgewichts nimmt der Autor nicht vor. Es kann lediglich aus der Annahme von P' = 1 geschlossen werden, daß die Leistungsbilanz zum Ausgleich kommen muß.

Abschließend geht Branson auf die Bedeutung von Erwartungen ein, indem er zeigt, daß von $\frac{\partial \epsilon}{\partial e} < 0$ eine stabilisierende Wirkung zu erwarten ist.

Modifikationen zu diesem Grundansatz liefern z.B. *St. Viotti*(1980), *M. Aoki* (1980) und *St. Turnovsky* (1981).

M. Aoki kritisiert die lückenhafte Darstellung des realwirtschaftlichen Sektors durch Branson. Sein Interesse gilt gerade der *Interaktion* zwischen real- und finanzwirtschaftlichen Größen auf der Grundlage der den „asset approach“ vom Typ B charakterisierenden Modellstruktur.

„In addition to feedback between the financial variables such as the exchange rate and „interest rates“ and stocks of various financial assets, there also exists feedback between financial variables and the real sector variables such as price and output levels[70].“

Im Rahmen seiner Analyse konzentriert er sich auf die *kurze und mittlere Frist*. Insofern entfernt er sich bereits vom neoklassischen Festhalten am langfristigen Gleichgewicht als Leitlinie. Als Vermögensanlagen fungieren neben Kasse *Aktien* und zwei festverzinsliche Wertpapiere, von denen eines im Ausland emittiert wird. Das im Inland emittierte Wertpapier dient zur Finanzierung des Staatshaushalts und steht zu Aktien in einer *vollständigen* Substitutionsbeziehung, zu dem im Ausland emittierten Papier dagegen in einer *unvollständigen* Substitutionsbeziehung. Die Anleger haben adaptive Erwartungen. Das im Inland produzierte Gut ist international *unvollständig* substitutiv. Die Preisanpassung auf dem heimischen Gütermarkt erfolgt unendlich schnell. Im Gegensatz zu den übrigen Autoren berücksichtigt Aoki Investitionen in Realkapital, die von der Differenz zwischen Grenzproduktivität des Kapitals und Aktienrendite abhängen.

Turnovsky unterstellt Arbeit als einzigen Produktionsfaktor. Neben Kasse fungieren ein im Inland und ein im Ausland emittiertes Wertpapier als Anlagealternativen.

Die Anleger haben „long-run perfect foresight“.

Im Inland wird ein Gut produziert, das zu dem auf dem Weltmarkt angebotenen in einer *vollständigen* Substitutionsbeziehung steht. Der Staatshaushalt ist defizitär. Es herrscht keine Weltinflation. Im Mittelpunkt der Analyse steht das Auffinden von Bedingungen für ein kurzfristiges *„overshooting“* des Wechselkurses.

[70] Ebenda, S. 50.

Anders als im Branson-Modell bestimmen bei *Viotti* sowohl die Finanz- als auch die Gütermärkte das ökonomische Geschehen, wobei neben Kasse zwei Wertpapiere berücksichtigt werden, von denen eines im Ausland emittiert wird und zu dem im Inland ausgegebenen in einer *unvollständigen* Substitutionsbeziehung steht. Ausländer halten keine inländischen Wertpapiere.

Das im Inland produzierte Gut wird international gehandelt und steht zu dem auf dem Weltmarkt angebotenen in einer *unvollständigen* Substitutionsbeziehung. Im Gegensatz zu Branson, aber in Übereinstimmung mit Henderson, deflationiert Viotti mit einem Preisindex, der sowohl dem Importpreis als auch dem Preis des im Inland produzierten Gutes Rechnung trägt.

Anders als Branson und Henderson, aber in Übereinstimmung mit Kouri, berücksichtigt Viotti ein staatliches Budgetdefizit, das aber nun nicht nur durch Geldschöpfung, sondern zusätzlich durch *Wertpapieremission* finanziert wird. Dabei wird die Schuldenstruktur *exogen* festgelegt.

Im Unterschied zu vorangehenden Autoren unstellt Viotti *Weltinflation*, wobei er von einer konstanten Preissteigerungsrate ausgeht. Schließlich ist festzuhalten, daß Viotti nur den Fall statischer Erwartungen untersucht.

Stationäres Gleichgewicht ist in seinem Modell nur möglich, wenn neben dem Realvermögen der Zins und die „terms of trade" sich im Zeitablauf nicht ändern. Konstante „terms of trade" bedeutet wiederum, daß die relative Kaufkraftparität realisiert wird. Bemerkenswert ist, daß bei Weltinflation im langfristigen Gleichgewicht die Leistungsbilanz nicht mehr ausgeglichen ist. Vielmehr entspricht die Wachstumsrate der nominellen „foreign balances" der Weltinflationsrate.

Abweichungen vom stationären Gleichgewicht sind mithin dadurch gekennzeichnet, daß

— der Realwert der inländischen Geldmenge und des Bestandes an inländischen Wertpapieren sich ändert,

— die relative Kaufkraftparität durch variable „terms of trade" außer Kraft gesetzt ist.

Hinsichtlich der Stabilität kann das Folgende festgehalten werden:

1. Im Unterschied zum Branson-Modell reicht die Erfüllung der Marshall-Lerner-Bedingung nicht dafür aus, daß von der Handelsbilanz die Konvergenz zum stationären Gleichgewicht unterstützt wird. Wie im Henderson-Modell muß die Abhängigkeit der Gesamtausgaben von den „terms of trade" berücksichtigt werden.

2. Anders als im Henderson-Modell wird bei Viotti die Systemdynamik nicht ausschließlich durch die Handelsbilanz bestimmt; vielmehr sind zusätzlich Zinseinkommen aus dem Ausland zu berücksichtigen. Von ihnen geht immer dann ein destabilisierender Effekt aus, wenn die Marshall-Lerner-Bedingung erfüllt ist.

Viotti untersucht folgende Parameteränderungen:

1. Offenmarktpolitik in inländischen Wertpapieren,
2. Anstieg des staatlichen Budgetdefizits,
3. Anstieg des Weltzinssatzes,
4. Anstieg der Weltinflationsrate.

Kurzfristig erhöht ein *Kauf von inländischen Wertpapieren durch die Zentralbank* den Wechselkurs und senkt den Zins. Die kurzfristige Reaktion der „terms of trade" ist jedoch unklar. Die Zinssenkung induziert einen Nachfrageanstieg; die Abwertung wirkt ebenfalls inflationär, indem sie die Handelsbilanz aktiviert. Mit dem Wechselkurs steigt aber auch der gesamtwirtschaftliche Preisindex. In dessen Folge geht der Realwert sowohl der Kassenhaltung als auch des inländischen Wertpapierbestandes zurück. Demgegenüber steigt der Realwert des Bestandes an ausländischen Wertpapieren. Insgesamt ist es also denkbar, daß der inländische Güterpreis sogar sinkt. In diesem Fall würde es mittelfristig auf jeden Fall zu einer Akkumulation von „foreign assets" kommen. Da die „terms of trade" mit steigendem Devisenbestand zurückgehen, ist ein Deflationsprozeß wahrscheinlich. Wie sich der Wechselkurs langfristig ändert, ist nicht eindeutig. Da sich die Vermögensstruktur ändert, ist davon auszugehen, daß sich P_I nicht proportional zur Geldmenge ändert.

Ein *Anstieg* des staatlichen Budgetdefizits, finanziert durch Geldschöpfung und Wertpapieremission, führt eine Abwertung herbei[71]. Als Konsequenz einer unverändert gebliebenen Schuldenstruktur geht Viotti davon aus, daß der inländische Zins konstant bleibt. Nun gilt es allerdings zu berücksichtigen, daß auch eine Substitutionsbeziehung zwischen den inländischen Vermögensanlagen und dem ausländischen Wertpapier besteht: Steigt das Angebot an Kasse und inländischen Wertpapieren, so folgt daraus ein Strukturungleichgewicht; der inländische Zinssatz wird steigen. Diesen Effekt berücksichtigt Viotti allerdings nicht. Aufbauend auf einem zunächst konstanten Inlandszins, argumentiert er wie folgt:

„The effect on the terms of trade will normally be positive due to the increase in private wealth following the issue of new evt. However, the direct positive ef-

[71] Vgl. *St. Viotti* (1980), S. 40.

fect on real wealth is counteracted by the fact that the depreciation of the exchange rate will move the price level up and hence work to decrease real wealth[72]."

Viotti geht davon aus, daß letztendlich die preissteigernden Effekte dominieren und es zu einem Defizit in der Leistungsbilanz kommt. Wie bei Kouri setzt ein Abwertungsprozeß ein: „The exchange rate will go on deprecaiting until a new long-run equilibrium level is reached[73]."

Steigt der *Weltzinssatz*, setzt kurzfristig ein Kapitalexport ein, in dessen Folge der Wechselkurs steigt. Dagegen ist sowohl ein Anstieg als auch ein Rückgang des inländischen Zinssatzes möglich, je nachdem, ob inländische Wertpapiere oder Kasse ein besseres Substitut für ausländische Wertpapiere darstellen. Wenn i steigt, werden sich die „terms of trade" verschlechtern; es kommt zu einem Überschuß in der Leistungsbilanz, begleitet von einer Verbesserung der „terms of trade". „In the new steady state they will eben be above the initial level. The negative impact effect is consequently more than offset in the long-run[74]."

Kurzfristig hat ein *Anstieg der Weltinflationsrate*[75] keinen Einfluß auf die Situation im finanzwirtschaftlichen Sektor. Da sich die „terms of trade" für die Smopec verschlechtert haben, entsteht auf dem inländischen Gütermarkt eine Übernachfrage; P steigt. Per Saldo, so Viotti, werden aber die „terms of trade" immer noch unter dem anfänglichen Gleichgewichtswert liegen. Damit ist eine Aktivierung der Leistungsbilanz verbunden; die „terms of trade" verbessern sich weiter. Die *langfristige* Änderung besteht vermutlich in einer Verschlechterung.

Schließlich ist bedeutsam, daß die höhere Weltinflationsrate nicht vom Inland importiert wird, da ein langfristiges Gleichgewicht die Gültigkeit der *relativen Kaufkraftparität* impliziert.

5. Kritische Würdigung

5.1 Überblick

Im „asset approach" vom Typ B sorgt der Wechselkurs dafür, daß angestrebte und tatsächliche Vermögensstruktur übereinstimmen. Eine entsprechende Anpassungsgeschwindigkeit des Bestandes an ausländischen Vermö-

---

[72] Ebenda, S. 40.

[73] Ebenda, S. 40.

[74] Ebenda, S. 35.

[75] Vgl. *St. Viotti* (1980), S. 36 f.

genstiteln vorausgesetzt, folgt der Wechselkurs in diesem Modell der relativen Kaufkraftparität. Eine mit ausländischen Finanzaktiven verbundene Erhöhung des Realwerts des Vermögens setzt wiederum voraus, daß mehr Güter im Ausland verkauft als vom Ausland bezogen werden. Die Entwicklung des Bestandes an „foreign assets“ ist also mit Warenströmen aufs engste verbunden. Maßgeblich dafür, ob per Saldo Waren ex- oder importiert werden, ist wiederum die *Ersparnis*, die die angestrebte Vermögensakkumulation zum Ausdruck bringt.

Abweichungen von der Kaufkraftparität werden damit begründet, daß die Wirtschaftssubjekte auf exogene Schocks mit ihren gewünschten Vermögensbeständen bereits dann reagieren, wenn die Ersparnis und die damit verbundene Realvermögensänderung im Vergleich zu den gehaltenen Beständen sehr gering sind. Die Änderung des Bestandes an ausländischen Vermögenstiteln beeinflußt somit kurzfristig den Wechselkurs nicht.

M.a.W.: Ein Saldo in der Leistungsbilanz hat nur dann eine Änderung des Wechselkurses zur Folge, wenn damit ein Vermögensstrukturungleichgewicht verbunden ist. Dabei schließt die Entscheidung über die Vermögensstruktur die *laufende* Ersparnis aus. Wesentlich für die durch den „asset approach“ beschriebene Entwicklung des Wechselkurses ist somit eine *Trennung der Entscheidung über Vermögensstruktur und -akkumulation*.

Eine wesentliche Bedeutung kommt des weiteren der *Vermögensabhängigkeit* der Ersparnis zu, indem exogene Schocks über Änderungen des Realvermögens einen Saldo in der Leistungsbilanz induzieren und ferner die Konvergenz zum stationären Gleichgewicht entscheidend von dieser Vermögensreagibilität abhängt. Wie kann nun eine Vermögensabhängigkeit der Ersparnis begründet werden? Wie bereits im Rahmen der kritischen Würdigung des „monetary approach“ gezeigt wurde, macht J. Niehans deutlich, daß dies mikroökonomisch nur dann gerechtfertigt werden kann, wenn die Haushalte das aktuelle an das angestrebte Vermögen nicht sofort und vollständig anpassen wollen, was er mit der Existenz von Transaktionskosten begründet. Kritisch dazu wurde in dieser Arbeit angeführt, daß Transaktionskosten im Rahmen des Optimierungsmodells den in den einzelnen Perioden angestrebten Vermögens*bestand* und nicht die Anpassungsgeschwindigkeit beeinflussen. Der „asset approach“ vom Typ B begründet nun die Vermögensabhängigkeit der Ersparnis mit der Life-Cycle-Hypothese. Transaktionskosten werden dagegen nicht unterstellt. Liefert dieser Ansatz nun andere Ergebnisse als das Niehans-Modell? Auf diese Frage wird im folgenden eingegangen.

Darüber hinaus steht aber der Zusammenhang zwischen *Vermögensakkumulation und -strukturierung* im Mittelpunkt der folgenden Ausführungen. Insbesondere zwei Fragen erscheinen dabei von erhöhtem Interesse:

1. Ist die spezifische Verbindung von finanz- und realwirtschaftlichem Bereich, die aus einer getrennten Entscheidung über Vermögensakkumulation und -struktur folgt, *logisch konsistent*?
2. Ist die Trennung der Entscheidung über Vermögensakkumulation und -struktur mit *neoklassischem Rationalverhalten* vereinbar?

5.2 Life-Cycle-Hypothese und Vermögensabhängigkeit der Sparfunktion

Die Life-Cycle-Hypothese wurde von F. Modigliani und R. Brumberg in der Literatur vorgestellt[76]. Grundlage ist die Hypothese, der betrachtete Haushalt wolle seinen Lebensnutzen maximieren, wobei in die Nutzenfunktion bei Vernachlässigung der Freizeit nur der unmittelbare Güterkonsum eingeht. Damit impliziert ein maximaler Lebensnutzen eine optimale zeitliche Verteilung des Konsums auf der Grundlage einer Kaufkraft, die durch das (exogene) Lohneinkommen in jeder Periode, einem exogenen Anfangsbestand an „assets" und einem exogenen Vermögenseinkommen bestimmt wird.

Soweit das Einkommen in einer Periode nicht vollständig konsumiert wird, erhöht es als Ersparnis den potentiellen Konsum zukünftiger Perioden. Die Entscheidung zwischen laufendem und zukünftigem Konsum ist somit gleichbedeutend mit einer Entscheidung zwischen Konsum und Ersparnis, welche als die zu optimierenden Größen betrachtet werden. Dabei wird allgemein als Vermögensanlage lediglich *ein* verzinsliches Wertpapier berücksichtigt. Eine gute Darstellung der Konzeption finden wir bei *Upton und Miller*[77]. Die Autoren gehen vereinfachend davon aus, daß der Planungshorizont drei Perioden umfaßt:

(1) $$W_3\,(1+i) + \overline{Y}_3 = C_3$$

Gleichung 1 beschreibt die Budgetrestriktion in der Periode drei. Dabei wird gefordert, daß der Haushalt am Ende der letzten Planungsperiode sein gesamtes Einkommen einschließlich dem gesamten Vermögen aufzuzehren wünscht.

Mit Hilfe obiger Gleichung wird nun eine Budgetrestriktion abgeleitet, die den gesamten Planungshorizont umfaßt. Für das Vermögen in der Periode drei gilt nämlich:

(2) $$W_3 = W_2 + S_2$$

und für S_2 wiederum:

---

[76] Vgl. *F. Modigliani, R. Brumberg*(1954).

[77] Vgl. *M.H. Miller, Ch.W. Upton* (1974), S. 73 ff.

(3) $$S_2 = W_2 i + \overline{Y}_2 - C_2$$

Daraus folgt:

(2a) $$W_3 = W_2 (1+i) + \overline{Y}_2 - C_2$$

Analog wird für W_2 verfahren:

(4) $$W_2 = \overline{W}_1 + S_1$$

(5) $$S_1 = \overline{W}_1 i + \overline{Y}_1 - C_1$$

(4a) $$W_2 = \overline{W}_1 (1+i) + \overline{Y}_2 - C_2$$

Eingesetzt in (1) unter Berücksichtigung von (2a), folgt:

(1a) $$C_1 + \frac{C_2}{1+i} + \frac{C_3}{(1+i)^2} = \overline{W}_1 (1+i) + \overline{Y}_1 + \frac{\overline{Y}_2}{1+i} + \frac{\overline{Y}_3}{(1+i)^2}$$

Unter Berücksichtigung der Nutzenfunktion und der Maximierungsvorschrift folgt:

(6) $$\frac{\frac{\partial U}{\partial C_1}}{\frac{\partial U}{\partial C_2}} = \frac{1}{1+i}$$

(7) $$\frac{\frac{\partial U}{\partial C_2}}{\frac{\partial U}{\partial C_3}} = \frac{1}{1+i}$$

Entscheidend für das intertemporale Konsumverhältnis, $\frac{C_t}{C_{t+1}}$, ist der *Zinssatz*, mit:

$$\frac{\partial \left(\frac{C_t}{C_{t+1}}\right)}{\partial i} < 0$$

(Von Preisänderungen wird abgesehen.)

Aus dieser Optimalbedingung wird bereits auf mikroökonomischer Ebene abgeleitet:

$$C = C(\underset{+}{W}, \underset{-}{i}, \underset{+}{Y}).$$

d.h., es wird gefolgert, daß der Konsum vom Vermögen der laufenden Periode abhängig ist.

Diese Beziehung kann indessen aus obigem Ansatz nicht gefolgert werden, denn nur das Vermögen der *Anfangsperiode* ist exogen bestimmt. Dagegen ist das Vermögen der folgenden Perioden Ergebnis einer Abwägung der Zeitpräferenz mit den Opportunitätskosten des Konsums. Damit aber folgt für C:

$$C = C(\overline{W}_1, i, Y)$$

Nun könnte man dagegen einwenden, daß in obigem Ansatz unterstellt wird, der betrachtete Haushalt gehe davon aus, seine Plangrößen auch jederzeit realisieren zu können. Indessen sind sicher Fälle denkbar, in denen notionale und effektive Größen divergieren und somit das realisierbare Vermögen eine Restriktion darstellt; nur sind diese Möglichkeiten unter den Annahmen des „asset approach“ nicht relevant. Denn nach Vorstellung des „asset approach“ bestimmten die Haushalte mit ihrer Sparentscheidung den Leistungsbilanzsaldo und damit die *tatsächliche* Vermögensakkumulation. Hält man an der neoklassischen Hypothese fest, daß nur der Güterkonsum unmittelbaren Nutzen stiftet, bleibt als einzige Möglichkeit, wie eine vermögensabhängige Ersparnis begründet werden kann, den im Rahmen der kritischen Würdigung des „monetary approach“ vorgetragenen Vorschlag zu übernehmen, daß die Haushalte diskrete und unterschiedliche Planungshorizonte besitzen und die makroökonomische Betrachtungsperiode kürzer ist als diejenige, innerhalb derer der letzte Haushalt sein Vermögen anzupassen gedenkt.

5.3 Die Konsistenz der Verbindung von finanz- und realwirtschaftlichem Sektor

In der Einführung zum monetären Zahlungsbilanzansatz wurde verdeutlicht, daß Grundlage für den Zusammenhang von Märkten die ökonomischen Entscheidungen der Wirtschaftssubjekte sind, sofern sie in der jeweiligen Betrachtungsperiode auf Märkten realisiert werden sollen. Von Relevanz ist dabei einmal der Entscheidungsumfang — also Art und Anzahl der berücksichtigten Tauschobjekte — und zum anderen die Beziehung zwischen den Tauschobjekten. Diesbezüglich wurde unterschieden zwischen einer Substitutionsbeziehung, einer technischen Komplementarität und einer Komplementarität von Finanzmittelentstehung und -verwendung. Letztere findet ihren formalen Ausdruck in der Budgetrestriktion und führt zu einem Zusammenhang von Marktgleichgewichts- bzw. ungleichgewichtssituationen.

Im monetären Zahlungsbilanzansatz liegt den Planungen der Wirtschaftssubjekte eine einzige Budgetrestriktion zugrunde. Dies folgt daraus, daß die Haushalte ihren Konsum- und Sparplänen eine Kaufkraft zugrunde legen, die neben dem laufenden Einkommen das in vergangenen Perioden akkumulierte Vermögen umfaßt.

Im „asset approach“ dagegen wird diese generelle Abhängigkeit nicht behauptet, was auf die Hypothese zurückzuführen ist, daß über Vermögensakkumulation und -strukturierung getrennt entschieden wird. Eine Folge davon ist die Existenz zweier Budgetrestriktionen:

1. Über eine Vermögensrestriktion wird ein Zusammenhang zwischen finanzwirtschaftlichen Gleichgewichts- bzw. Ungleichgewichtssituationen hergestellt.
2. Über eine gesamtwirtschaftliche Einkommensrestriktion wird eine Beziehung zwischen realwirtschaftlichen Gleichgewichts- bzw. Ungleichgewichtssituationen hergestellt.

Unterstellt man ein ausgeglichenes staatliches Budget und vernachlässigt Investitionen, so ist eine Divergenz zwischen inländischem Güterangebot und inländischer Güternachfrage gleichbedeutend mit einer Ersparnis, die wiederum über einen Saldo in der Leistungsbilanz eine Änderung des Bestandes an „foreign assets" zur Folge hat, wodurch die Vermögensrestriktion im Zeitablauf verschoben wird.

In diesem Zusammenhang stellt sich die Frage, ob nicht die Ersparnis selbst eine Zunahme der Nachfrage nach alternativen Vermögenstiteln umfaßt: Im „asset approach" ist davon auszugehen, daß bereits ganz kurzfristig Einkommen bezahlt werden. Diese führen nun in einer Geldwirtschaft dazu, daß der Kassenbestand der Haushalte steigt.

In dem Umfang, in dem diese damit Konsumgüter erwerben, fließt Geld in den Unternehmungssektor zurück. Ob der Rest, nämlich die Ersparnis, in der Kasse bleiben soll, hängt davon ab, in welcher Anlageform die Haushalte sparen. Die gehorteten Einkommensteile bedeuten eine Zunahme der Geldnachfrage. Erwerben die Haushalte Devisen, umfaßt dies eine Zunahme der Nachfrage nach ausländischen Währungseinheiten. Sparen bedeutet somit, daß irgendwelche Vermögenstitel nachgefragt werden.

Dies gilt wohlbemerkt uneingeschränkt nur dann, wenn in der betrachteten Periode Einkommen bezahlt werden. Ist dies nicht der Fall und planen die Haushalte somit die Verwendung eines erwarteten Einkommens, so führt das nur dann zu einem Anstieg der Vermögensnachfrage, wenn die Kaufwünsche bzw. der Bedarf an erhöhter Kassenhaltung bereits in der Planungsperiode auf den entsprechenden Märkten zum Ausdruck gebracht wird.

Im Rahmen der weiteren Argumentation sollen die Annahmen des Kouri-Modells zugrunde gelegt werden. Dann folgt für die Ersparnis:

$$S = \dot{\tilde{L}} + \dot{\tilde{F}}^{d}$$

Die Tilde drückt dabei die auf der Ersparnis beruhende Nachfragezunahme nach Vermögen aus. Dieser Nachfragesteigerung ist eine Erhöhung des Angebots gegenüberzustellen, die im Kouri-Modell in voller Höhe ausländische Währungseinheiten umfaßt:

$$Y - C = S = \dot{\tilde{L}} + \dot{\tilde{F}}^d = \frac{\dot{F}^{ns}}{P'}$$

Divergieren $\dot{\tilde{F}}^d$ und $\dot{F}^{ns}$, so ist das offensichtlich gleichbedeutend mit einem Ungleichgewicht auf dem Devisenmarkt; der Wechselkurs wird sich ändern. M.a.W., klaffen Spar- und Finanzierungsstruktur auseinander, so bedeutet dies, daß im finanzwirtschaftlichen Sektor ein Ungleichgewicht existiert. Dies wird von den Vertretern des „asset approach" durch die Annahme ausgeschlossen, daß die Wirtschaftssubjekte ihre Ersparnis in voller Höhe in ausländischen Währungseinheiten anlegen. Es gilt mithin: $\dot{\tilde{L}} = 0$.

Nun ist aber zu berücksichtigen, daß die Haushalte über Vermögensbestände verfügen, die sie in den vorausgehenden Perioden akkumuliert haben und für die sie eine optimale Struktur anstreben, ausgedrückt durch $L = L(\epsilon, Y, W)$ und $F^d = F^d(\epsilon, Y, W)$. Für die entsprechenden Stromnachfragen folgt:

$$\dot{L} = \frac{\partial L}{\partial W}\dot{W} + \frac{\partial L}{\partial \epsilon}\dot{\epsilon} + \frac{\partial L}{\partial Y}\dot{Y}$$

$$\dot{F}^d = \dot{W}\left(1 - \frac{\partial L}{\partial W}\right) - \frac{\partial L}{\partial \epsilon}\dot{\epsilon} - \frac{\partial L}{\partial Y}\dot{Y}$$

Selbst, wenn keine Änderung der Auf- oder Abwertung erwartet wird und das Einkommen konstant ist, stimmen diese Funktionen nicht mit der Sparstruktur überein; denn aufgrund von Ertrags-Risiko-Überlegungen wird jede Vermögenssteigerung sowohl in in- als auch in ausländischen Währungseinheiten angelegt. Das Modell enthält mit anderen Worten zwei Nachfragefunktionen nach ein- und demselben Vermögenstitel. Es ist damit logisch nicht konsistent.

Um den „asset approach" in eine logisch konsistente Form zu bringen, ist das Vermögensstruktur- vom Vermögensakkumulationsmodell zu trennen. Dies allerdings würde bedeuten, daß kurzfristig weder produziert noch Einkommen bezahlt würden. Unter gesamtwirtschaftlichen Aspekten erscheint dies wenig sinnvoll. Einen Ausweg bietet hier die Interpretation der vorgestellten Fristen als *Reaktionsperioden*. Dem liegt der folgende Gedankengang zugrunde: Leitlinie des „asset approach" ist ein langfristiges Gleichgewicht, in dem der Wechselkurs der relativen Kaufkraftparität folgt. Exogene Schocks führen hingegen das ökonomische System aus diesem „steady state" hinaus, allerdings — Stabilität vorausgesetzt — nur kurz- und mittelfristig. Maßgeblich für dieses Systemverhalten sind die Reaktionen der Wirtschaftssubjekte, die wiederum entscheidend davon abhängen, wieviel Zeit seit der Datenänderung verstrichen ist. Je kürzer diese Zeitspanne ist, um so weniger Modellgrößen werden als Aktionsparameter betrachtet.

Das eine Reaktionsperiode abbildende Modell umfaßt so alle diejenigen Variablen, die gleichzeitig auf den Systemanstoß reagieren. Die Reaktion selbst wird dadurch formalisiert, daß die jeweiligen Variablen in relativen Änderungsraten ausgedrückt werden[78].

Angenommen, die Zentralbank fragt Devisen nach, um die Geldmenge zu erhöhen. *Kurzfristig* reagieren die Haushalte nur mit Änderungen der Vermögensstruktur; die Sparpläne bleiben dagegen unangetastet. Für das Systemverhalten in der Reaktionsperiode I folgt somit:

$$M\,(\hat{M}_I^n - \hat{e}_I) = -\frac{\partial L}{\partial W} M\,\hat{e}_I, \qquad \text{beziehungsweise:}$$

$$\hat{e}_I = \frac{1}{(1 - \frac{\partial L}{\partial W})} \hat{M}_I^n$$

In der Reaktionsperiode II induziert die Änderung des Wechselkurses einen Rückgang des Realvermögens, der zu einer positiven Ersparnis führt, wobei die Sparstrukturpläne nicht geändert werden:

$$dS_{II} = \frac{\partial S}{\partial W} M\,\hat{e}_I = d\,C_{II}$$

$$dCC_{II} = F \cdot \hat{F}_{II}^n$$

e_I stellt dabei im Rahmen der Reaktionsperiode II eine exogene Größe dar.

Dic mit dem Leistungsbilanzüberschuß verbundene Änderung des Devisenbestandes induziert in der Reaktionsperiode III ein Vermögensstrukturungleichgewicht:

$$-M\,(1 - \frac{\partial L}{\partial W})\hat{e}_{III} = \frac{\partial L}{\partial W} F\hat{F}_{II}^n; \quad \hat{e}_{III} = \frac{\frac{\partial L}{\partial W} F\,\hat{F}_{II}^n}{M\,(1 - \frac{\partial L}{\partial W})}$$

Damit verbunden ist eine Aufwertung, die in der Reaktionsperiode IV die Ersparnis und den Saldo in der Leistungsbilanz. Dieser Effekt wird durch das mit F^n unmittelbar steigende Realvermögen verstärkt.

$$dS_{IV} = \frac{\partial S}{\partial W} M\,\hat{e}_{III} = F\,\hat{F}_{IV}^n + \frac{\partial S}{\partial W} F\,\hat{F}_{II}^n$$

Der Prozeß kann fortgeführt werden. Entscheidend für die Konvergenz zum stationären Gleichgewicht ist, daß Ersparnis und Leistungsbilanzüberschuß mit steigendem Realvermögen vermindert werden.

[78] Ein Beispiel dieser Marshall'schen Vorgehensweise liefert *J. Niehans* (1978). Im Gegensatz zu oben vorgestelltem Modell verzichtet er aber auf eine *Verknüpfung* der einzelnen Reaktionsperioden.

Dies ist erfüllt, falls gilt: $\frac{\partial S}{\partial W} < 0.$

Mit der obigen Methode soll ein *dynamischer* Prozeß durch statische Modelle beschrieben werden. Dieses Vorgehen birgt allerdings den Nachteil, daß der Verlauf des Anpassungsprozesses hinsichtlich der Existenz von Zyklen nicht erfaßbar ist.

Unabhängig davon stellt sich die Frage, ob die im „asset approach" enthaltene Portfolioentscheidung ökonomisch plausibel und insbesondere mit neoklassischem Rationalverhalten vereinbar ist. Darauf wird im folgenden eingegangen.

5.4 Der ökonomische Gehalt einer Trennung von Vermögensakkumulation und -strukturierung

5.4.1 Problemstellung

Im „asset approach" vom Typ B wird getrennt zwischen einer Entscheidung über die Vermögensstruktur einerseits und die Sparstruktur andererseits. Darüber hinaus kann der Schluß gezogen werden, daß auf eine Optimierung der Sparstruktur im Sinne nutzenmaximaler Ertrags-Risiko-Kombinationen verzichtet wird. Intuitiv nun leuchtet nicht ein, warum bezüglich der Sparstruktur andere Kriterien gelten sollen als bezüglich der Vermögensstruktur. Zudem ist zu bedenken, daß die Ersparnis aus einem Einkommen finanziert wird, das alternativ zum Kauf von Konsumgütern verwendet werden kann. M.a.W., jede gesparte Geldeinheit bedeutet einen Verzicht auf Güterkonsum in der laufenden Periode. Im Rahmen der Einkommensverwendungsentscheidung wird es somit darum gehen, der Zeitpräferenz die Opportunitätskosten des Konsums gegenüberzustellen. Damit stellt sich die Frage, ob diese Opportunitätskosten, die zugleich die Erträge der Vermögensbildung umfassen, nicht entscheidend von der gewählten Sparstruktur beeinflußt werden. Um diese Frage zu beantworten, wird im folgenden auf inzwischen zahlreich erschienene Ansätze zur intertemporalen Nutzenmaximierung der Haushalte zurückgegriffen. Beispiele für diese Beiträge sind Modelle von J. Niehans, D. Patinkin, M. Mussa und Barro-Grossman[79]. Während Niehans und Patinkin zeigen, daß im Interesse einer nutzenmaximalen Situation Vermögensniveau und -struktur simultan optimiert werden müssen, kommen *Mussa* und *Barro-Grossman* zu

---

[79] Vgl. *D. Patinkin* (1965), *M. Mussa* (1973), *R.J. Barro, H.I. Grossman* (1976), *J. Niehans* (1978).

gegenteiligem Schluß. Stellvertretend für beide Positionen wird im folgenden auf *Niehans* und *Mussa* eingegangen. Mit diesem Rückgriff auf mikroökonomische Optimierungsmodelle wird gleichzeitig dem neoklassischen Wesen des „asset approach“ Rechnung getragen.

5.4.2 Der Ansatz von J. Niehans

Niehans[80] berücksichtigt in seinem Optimierungsmodell neben Kasse „bonds“ und Aktien als Vermögensanlagealternativen. Da zur Verdeutlichung seiner Konzeption ausreichend, wird im folgenden das Anlagespektrum auf Kasse und „bonds“ begrenzt. Wie im Rahmen seiner One-Asset-Version stiftet Vermögen keinen unmittelbaren Nutzen. Da den Haushalten „perfect foresight“ unterstellt wird, folgt daraus, daß sie ausschließlich die Vermögensanlage halten werden, die den höchsten Ertrag abwirft. Dieser wird bestimmt durch den Effektivzins und die Transaktionskosten, „... that arise ... from the transfer of ownership from one economic agent to another ... The parties have to communicate; information is exchanged ... contracts are drawn up; title is transferred; and records have to be kept[81].“ Transaktionskosten „... are necessary to transform the initial uncertainty into full certainty[82].“

Vereinfachend wird im folgenden von einer Verzinsung der Kassenbestände abgesehen. Desgleichen bleibt Inflation unberücksichtigt.

Gegenüber verzinslichen Vermögensanlagen weist Kasse den Vorzug auf, keine Transaktionskosten aufzuwerfen.

Da es sich wiederum um einen intertemporalen Vermögensansatz handelt, ist die Zeitpräferenz in der Nutzenfunktion zu berücksichtigen, und zwar entweder explizit oder implizit durch Abdiskontierung. Der Einfachheit halber soll letztgenannter Weg beschritten werden:

(1) $$U = U(C_1, C_2)$$

Der Haushalt hat die folgenden Budgetrestriktionen zu berücksichtigen:

(2) $$\overline{Y}_1^n + \overline{M}_1^n + \overline{B}_1^n (1+i_B) = C_1 \cdot P + B_2 \cdot P \cdot (1+t_B) + M_2 \cdot P$$

(3) $$\overline{Y}_2^n + M_2P_2 + B_2P_2 \cdot (1+i_B) = C_2 \cdot P + \overline{B}_3^n \cdot (1+t_B) + \overline{M}_3^n$$

B^n = Nominalwert des Bond-Bestands

${}^iB$ = Bond-Rendite

[80] Vgl. *J. Niehans* (1978), S. 60–72.

[81] Ebenda, S. 62.

[82] Ebenda, S. 63.

t_B ist ein Ausdruck für den (konstanten) Transaktionskostensatz. Annahmegemäß sind Arbeitseinkommen, Vermögensanfangs- und Vermögensendbestand gegeben. Diese Annahme führt, wie bereits im Rahmen des „cash balance approach" verdeutlicht, dazu, daß (konstante) Vermögensbestände in den Nachfragefunktionen Berücksichtigung finden.

Niehans formuliert im übrigen für jede Vermögensart eine Budgetrestriktion. Dabei drücken diese die Veränderung am Bestand der einzelnen „assets" aus, als Resultat einer Differenz zwischen Käufen und Verkäufen. Konsequenz dieses Vorgehens ist die Existenz eines Lagrange Multiplikators für jede Vermögensart. Da jedoch der indirekte Nutzen der Vermögenshaltung, unabhängig vom spezifischen „asset", bestimmt wird durch den intertemporalen Nutzen des Konsums, ändert sich an den Determinanten der optimalen Bestände im Vergleich zu obigem Vorgehen nichts, das hier aus Gründen einer einfacheren Handhabung bevorzugt wird.

Für den optimalen Bestand an „bonds" folgt daraus:

(4) $$\frac{\lambda_2 - \lambda_1}{\lambda_1} = t_B - \frac{\lambda_2}{\lambda_1} i_B \qquad \text{oder}$$

(5) $$\frac{\frac{\delta U}{\delta C_2} - \frac{\delta U}{\delta C_1}}{\frac{\delta U}{\delta C_1}} = \lambda_2 - \lambda_1$$

λ_1 und λ_2 symbolisieren die Lagrangemultiplikatoren. Die Differenz zwischen λ_2 und λ_1 drückt den Nutzenzuwachs aus, der dadurch erzielt wird, daß Kaufkraft nicht bereits in der laufenden Periode für den Erwerb von Konsumgütern verwendet, sondern in Form von Vermögen gehalten wird. Die rechte Seite von Gleichung 4 repräsentiert die Opportunitätskosten der Vermögenshaltung. Sie werden positiv beeinflußt durch die Transaktionskosten und negativ durch den Effektivzins.

Für den optimalen Kassenbestand folgt:

(6) $$\frac{\lambda_2 - \lambda_1}{\lambda_1} = 0$$

Wenn keine Inflation herrscht und die Zeitpräferenz in der Nutzenfunktion impliziert ist, wirft Kasse keine weiteren Kosten der Vermögenshaltung auf. Auf der anderen Seite entstehen auch keine Erträge.

Solange gilt: $t_B - \frac{\lambda_2}{\lambda_1} \cdot i_B < 0$, sind die Opportunitätskosten der Wertpapierhaltung negativ. Damit lohnt sich in diesem Fall eine Kassenhaltung nicht.

Für den optimalen Wertpapierbestand folgt dann:

$$(7) \qquad B^* = B^*(\underset{+}{i_B}, \underset{-}{t_B}, \underset{+}{\bar{Y}_1^n}, \underset{+}{\bar{Y}_2^n}, \underset{+}{\bar{B}_1^n}, \underset{+}{\bar{B}_3^n})$$

Übersteigt umgekehrt der Transaktionskostensatz den Effektivzins, wird nur Kasse gehalten. Für den optimalen Kassenbestand gilt dann:

$$M^* = M^*(\underset{+}{\bar{Y}_1^n}, \underset{+}{\bar{Y}_2^n}, \underset{+}{\bar{B}_1^n}, \underset{+}{\bar{B}_3^n}, \qquad \underset{+}{\text{für}}\ t_B > i_B$$

Um makroökonomisch sowohl eine Kassen- als auch eine Wertpapierhaltung zu begründen, ist die Annahme notwendig, daß zwischen den Haushalten Unterschiede in den veranschlagten Transaktionskosten bestehen[83].

Wenn für einen Haushalt die Transaktionskosten den Zinssatz übersteigen, so wird er ausschließlich Kasse halten. Der angestrebte Bestand wird dabei bestimmt durch die Substitutionsbeziehung zwischen heutigem und morgigem Konsum, auf die die Nettovermögensrendite solange keinen Einfluß hat, wie diese negativ ist; m.a.W., die einzelwirtschaftliche Geldnachfrage hängt nicht von $i_B - t_B$ ab, falls gilt: $i_B - t_B < 0$.

Um zu einer makroökonomischen zinsabhängigen Geldnachfrage zu gelangen, ist die zusätzliche Annahme notwendig, daß es zu *jeder* Änderung von i_B bzw. t_B Haushalte gibt, die ihr Portefeuille umstrukturieren; nur dann gilt:

$$M^* = M^*(\underset{-}{i_B}, \underset{+}{t_B}, \underset{+}{\bar{Y}_1^n}, \underset{+}{\bar{Y}_2^n}, \underset{+}{\bar{B}_1^n}, \underset{+}{\bar{B}_3^n})$$

Gespart wird, um den aktuellen an den optimalen Wertpapier- bzw. Kassenbestand anzupassen. Wie im Rahmen des *„cash balance approach“* verdeutlicht, ist dabei wiederum davon auszugehen, daß die Anpassung in der jeweiligen Periode vollständig ist:

$$(8\text{-}1) \qquad S_t = B_t^* - B_{t-1}, \quad \text{bzw.}$$

$$(8\text{-}2) \qquad S_t = M_t^* - M_{t-1}$$

Um makroökonomisch einen *Sparprozeß* begründen zu können, ist wiederum die Annahme notwendig, daß die Haushalte verschiedene Planungsperioden haben und ferner die gesamtwirtschaftliche Betrachtungsperiode von den mikroökonomischen Planungsperioden abweicht.

Unter Berücksichtigung dieser zusätzlichen Annahme folgt:

1. Das gesamtwirtschaftliche angestrebte Vermögensniveau und dessen Struktur werden *simultan* bestimmt.

---

[83] Darauf geht *Niehans* nicht ein; vgl. aber *I. Größl* (1981).

2. Die Ersparnis setzt sich zusammen aus der Summe der Nachfragezunahmen nach den *einzelnen* „assets"[84].

5.4.3 Der Ansatz von M. Mussa[85]

Wie Niehans geht auch Mussa davon aus, daß die Entscheidung bezüglich des Lohneinkommens der Haushalte bereits getroffen worden ist. Damit stehen die Einkommensverwendung bezüglich Konsum und Vermögensakkumulation, ferner die Vermögensstrukturierung im Mittelpunkt der Haushaltsentscheidungen.

Bezüglich der Determinanten der Nutzenfunktion übernimmt Mussa die Hypothese Patinkins, daß von den berücksichtigten Vermögensalternativen die „real balances" direkten Nutzen stiften, also als Argument in die Nutzenfunktion eingehen. Dagegen stiften Wertpapiere nur einen mittelbaren Nutzen in Form eines pekuniären Ertrags, durch den das Kaufkraftpotential vergrößert wird.

Im Gegensatz zu Niehans berücksichtigt Mussa Unsicherheit bezüglich der zukünftigen Rendite- und Preisentwicklung, allerdings lediglich in Form von *einwertigen* Erwartungen.

Für den Grundansatz folgt in der von ihm gewählten kontinuierlichen Schreibweise:

$$\text{(1)} \qquad U(0) = \int_{0}^{\infty} U[C(s), M(s)] \exp(-ps)\, ds$$

$$\text{(2)} \qquad W(s) = M(s) + B(s)$$

s bezeichnet die Periode, für die geplant wird, p bezeichnet die Zeitpräferenz.

Der Planungshorizont umfaßt unendlich viele Perioden.

$$\text{(3)} \qquad \dot{W}(s) = Y^e(s) - C(s)$$

$$\text{(4)} \qquad Y^e(s) = \overline{Y}(s) + \pi_M^e(s)\, M(s) + [i_B(s) + \pi_B(s)]\, B(s)$$

Dabei bedeuten: π_M^e = erwartete Deflationsrate und
π_B^e = erwartete Kurssteigerung

t bezeichnet die Periode, *in* der geplant wird.

Gleichung (5) stellt die Liquiditätsrestriktion dar:

$$\text{(5)} \qquad -W(T) - \int_{t}^{\infty} [Y(s)] \exp[i_B^e(s) + \pi_B^e(s)]\, ds$$

[84] Vgl. *J. Niehans* (1978).

[85] Vgl. *M. Mussa* (1973), S. 33–103.

Der entscheidende Unterschied zum Niehans Ansatz liegt im *Lösungsverfahren* begründet. Diesbezüglich geht Mussa in drei Schritten vor:

1. Zunächst geht es allein um die Maximierung des Nutzens der laufenden Periode. Markantes Kennzeichen dieser laufenden Nutzenmaximierung ist das exogen gegebene Vermögen. Entschieden wird über die Höhe des Konsums und über die Vermögensstrukturierung.
2. In einem 2. Schritt geht es um die Bestimmung der Vermögensakkumulation.
3. In einem 3. Schritt wird der „Schattenpreis" des Konsums ermittelt.

Mussa begründet dieses Vorgehen wie folgt:

„A rationale for this three-step procedure may be given as follows. Step one tells the household to maximize the total flow of utility arising out of its activitties at any moment of time, taking appropriate account of the constraints which current activities will impose on future behaviour. The constraints which past decisions impose on current activities at time s are summarized in the state variable [W(s)]; current activities affect future behaviour only through [W(s)]"[86].

Der erste Schritt wird wie folgt formalisiert:

(1) $$H[C, M, B, \xi, W, \lambda] = U(C, M) + \xi (W - M - B) + \lambda_Y (Y^e - C)$$

H ist der Gesamtnutzen für den Haushalt in s. Er setzt sich zusammen aus der „flow utility from consumption of cash balances"[87] und dem Nutzen des Ertrags auf die Differenz zwischen Vermögen und der Summe aus B und M zuzüglich dem Nutzen aus der Ersparnis. Dabei bedeuten:

ξ = Schattenrendite des Vermögens in s,

λ_Y = Schattenpreis des Konsums.

(2) $$Y^e = \overline{Y} + M \pi_M^e + B (\pi_B^e + i_B)$$

W und λ werden als „state variables" betrachtet.

Für die Optimalbedingungen folgt:

(3) $$\frac{\delta H}{\delta C} = \frac{\delta U}{\delta C} - \lambda_Y = 0$$

(4) $$\frac{\delta H}{\delta M} = \frac{\delta U}{\delta M} + \lambda_Y \pi_M^e - \xi = 0$$

(5) $$\frac{\delta H}{\delta B} = - \xi + \lambda_Y (\pi_B^e + i_B^e) = 0$$

(6) $$\frac{\delta H}{\delta \xi} = W - M - B = 0$$

---

[86] *M. Mussa* (1973), S. 64.

[87] *M. Mussa* (1973), S. 68.

Daraus folgt: $\xi = \lambda\xi\,(i_B^e + \pi_B^e)$.

Diese Optimalbedingungen werden von Mussa folgendermaßen interpretiert:

1. C und M werden gemeinsam bestimmt durch

$$\frac{\delta U}{\delta C} = \lambda_Y \text{ und } \frac{\delta U}{\delta M} = -\,(\lambda_Y\,\pi_M^e - \xi).$$

2. Über die Vermögensrestriktion liegt damit B fest.

Die Grenzrate der Substitution $-\frac{dC}{dM}$ ist dabei gleich ξ, der Schattenrendite des Vermögens.

Mit M sind somit B und C festgelegt. Bedeutsam ist nun Mussas Folgerung, daß obige Optimalbedingungen auch die Ersparnis festlegen.

Im Rahmen von „step two" bestimmt er die Vermögensakkumulation: $\dot{W} = Y^e - Z$

Ferner determiniert er die dynamische Entwicklung von

$$\dot{\lambda}_Y = p - (i_B^e - \pi_B^e)$$

Diese Interpretation ist mit der folgenden Begründung abzulehnen:

Gleichung eins, auch als Hamiltonian bezeichnet, stellt eine Lagrange Funktion dar: Zur Nutzenfunktion wird eine Nulladdition in Form der folgenden Restriktionen getätigt:

$$W = M + B$$

$$Y = C$$

Damit ist sowohl ein konstantes Realvermögen als auch eine Ersparnis von Null impliziert. Im Mittelpunkt steht die Festlegung nutzenmaximierender Niveaus an *M und C*.

Eine Erhöhung von C erfordert eine Einkommenssteigerung. Diese ist möglich durch eine *Umstrukturierung* des Vermögens zugunsten von Wertpapieren (bei gegebenen Vermögensrenditen). Damit verbunden ist ein Abbau von Kassenbeständen. In diesem Sinne ist $\frac{\delta U}{\delta C}$ als Ausdruck für die optimale Einkommenshöhe zu interpretieren. Würde M keinen Nutzen stiften, wäre für das optimale Verhältnis von Kasse und Wertpapieren lediglich die Differenz $i + \pi_B^e - \pi_M^e$ entscheidend. Würden Wertpapiere einen höheren Ertrag abwerfen als Kasse, würden nur Wertpapiere gehalten und umgekehrt. Da aber M selbst Nutzen stiftet, lohnt sich eine Kassenhaltung nicht allein aus Einkommensgründen. $\frac{\delta U}{\delta M}$ ist ein Ausdruck für den nicht pekuniären Ertrag der Kassenhaltung, $\lambda_Y\,(i_B^e + \pi_B^e - \pi_M^e)$ ein

Ausdruck für die Opportunitätskosten der Kassenhaltung. $\frac{\delta U}{\delta M} = \lambda_Y (i_B^e + \pi_B^e - \pi_M^e)$ determiniert die optimale Beziehung zwischen C und M; über die *Vermögensrestriktion* ist dabei B bestimmt.

Mit obigem Optimierungsansatz wird somit die optimale Einkommenshöhe durch die Bestimmung der Vermögensstruktur bei gegebenem Gesamtvermögensniveau festgelegt.

Die Bestimmung der optimalen Vermögensakkumulation erfordert vielmehr eine *Endogenisierung* des Vermögens. Damit aber ist auch eine Revision der Restriktionen erforderlich: die Optimalbedingungen ändern sich.

Unter Aufrechterhaltung der Annahme Y = C impliziert im übrigen $\lambda_Y \neq 0$ ein sich im Zeitablauf änderndes Einkommensniveau über eine sich andernde Vermögensstruktur.

Barro-Grossman gehen dem Zusammenhang von Vermögensakkumulation und -strukturierung im übrigen dadurch aus dem Weg, daß im Optimierungsansatz allein die Ersparnis als Differenz zwischen Y und C berücksichtigt wird. Die Strukturierung der Ersparnis wird gewissermaßen durch die Hintertür eingeführt, indem *exogen* eine Geldnachfragefunktion vom Cambridge-Typ unterstellt wird[88].

Im übrigen kann auch aus dem Life-Cycle-Ansatz nicht der Schluß gezogen werden, daß über Vermögensakkumulation und -strukturierung getrennt entschieden wird. Im Gegensatz zum Niehans-Modell wird hier unmittelbar die Ersparnis optimiert. Das Vermögen ergibt sich daraus durch Aufsummierung bzw. Integration. Dabei wurden in dem vorgestellten Modell nur verzinsliche Anlagen eines Wertpapiertyps berücksichtigt[89]. Bezieht man weitere mit ein, kann abgeleitet werden, daß mit der Sparhöhe auch die Sparstruktur simultan optimiert wird.

5.5 Zusammenfassende Betrachtung des „Asset Approach“

Die obigen Ausführungen haben gezeigt, daß die Integration alternativer Vermögensanlagen in einen intertemporalen Nutzenmaximierungsansatz dazu führt, daß Vermögensniveau und -struktur simultan bestimmt werden, falls — wovon in einschlägigen Modellen ausgegangen wird — die Haushalte der Auffassung sind, ihre Plangrößen auch realisieren zu können. Dahinter stecken die folgenden Überlegungen:

---

[88] Vgl. *R.J. Barro*, *H.I. Grossman* (1976), S. 110, 111 und 117.

[89] Dabei wird von „perfect foresight“ bzw. einwertigen Erwartungen ausgegangen; Risikoüberlegungen spielen dann keine Rolle.

Vermögen im neoklassischen Sinne umfaßt diejenigen Objekte, mit denen Kaufkraft gespeichert werden kann und/oder die einen Anstieg des Kaufkraftpotentials durch ein pekuniäres Markteinkommen erwarten lassen. Das Markteinkommen wird sowohl durch die Höhe als auch durch die Struktur des Vermögens bestimmt.

Aufgrund der Fähigkeit, Kaufkraft zu speichern, sehen die Neoklassiker eine (mittel- oder unmittelbare) Beziehung zwischen Vermögen und Nutzenniveau. Wenn die einzelnen Anlagealternativen nicht dasselbe Einkommen versprechen, konkretisiert sich die Ziel-Mittel-Beziehung in einer Relation zwischen dem Nutzenniveau und den *einzelnen* Vermögensobjekten. M.a.W., der Haushalt hat Präferenzen bezüglich der Vermögensstruktur.

Bedeutsam ist nun, daß er die Höhe des Vermögens beeinflussen kann, und zwar durch die Entscheidung, sein Einkommen nicht in vollem Umfange zu konsumieren, also Konsumverzicht zu leisten in der laufenden Periode, womit gleichzeitig ein höherer zukünftiger Konsum ermöglicht wird. Die Entscheidung wird gefällt unter Abwägung des intertemporalen, mit der Zeitpräferenz abdiskontierten, Konsumnutzens mit den pekuniären Vermögenserträgen. Wenn diese bei unterschiedlichen Anlagealternativen in unterschiedlicher Höhe anfallen, wird das optimale Vermögensniveau somit auch von seiner *Struktur* abhängen. Dabei gelten für den akkumulierten Vermögensbestand als auch für das anzustrebende Vermögensniveau und damit für die Ersparnis dieselben Kriterien.

IV. Schlußbetrachtung

Im Mittelpunkt dieser Arbeit standen eine Darstellung und kritische Würdigung des „monetary approach" und des „asset approach". Besondere Aufmerksamkeit wurde dabei zum einen den Abweichungen vom stationären Gleichgewicht gewidmet. Zum anderen wurde diskutiert, ob der Wechselkurs in der Lage ist, für Zins- bzw. Güterarbitragegleichgewicht zu sorgen.

Bei festen Wechselkursen wird eine Abweichung vom stationären Gleichgewicht damit begründet, daß exogene Schocks eine Divergenz zwischen angestrebtem und tatsächlichem Vermögen herbeiführen, die nicht sofort, sondern allmählich abgebaut wird. Damit verbunden ist ein Spar- bzw. Entsparprozeß. Unter den Annahmen des „monetary approach" besteht das Vermögen allein aus der inländischen Geldmenge. Grundsätzlich resultiert dieser Ansatz aus einer Übertragung des „cash balance approach" Don Patinkins auf die offene Volkswirtschaft. Übersteigt z.B. die angestrebte die tatsächliche Kassenhaltung, horten die Wirtschaftssubjekte. In einer geschlossenen Volkswirtschaft bedeutet dies eine Übernachfrage auf dem Geldmarkt, dem ein Überangebot auf dem Gütermarkt entspricht. Die Folge sind Preissenkungen, die über einen Anstieg der tatsächlich vorhandenen realen Geldmenge das Portfolioungleichgewicht abbauen und — so gleichzeitig — die Divergenzen zwischen Angebot und Nachfrage sowohl auf dem Güter- als auch auf dem Geldmarkt abbauen. Mit diesem Real-Balance-Effekt wird gleichzeitig eine Begründung für die Gültigkeit der Quantitätstheorie geliefert.

In einer offenen Volkswirtschaft umfaßt Horten dagegen einen Überschuß in der Zahlungsbilanz, wenn die folgenden Bedingungen erfüllt sind:

1. Die international gehandelten Güter sind vollständig substitutiv.
2. Auf dem Markt des Binnengutes herrscht Gleichgewicht.
3. Auf dem Weltmarkt herrscht Gleichgewicht; bzw. bei der betrachteten Volkswirtschaft handelt es sich um ein kleines Land.

Während in einer geschlossenen Volkswirtschaft Preisänderungen den Motor für eine Anpassung des tatsächlichen an den angestrebten Kassenbestand bilden, wird Portfoliogleichgewicht in einer offenen Volkswirtschaft über den Zahlungsbilanzsaldo durch Änderungen der nominellen Geldmenge herbeigeführt. Änderungen der Güterpreise können — brauchen es aber nicht — den Anpassungsprozeß begleiten.

Bei *flexiblen* Wechselkursen werden im Rahmen des *„asset approach" vom Typ B*[1] Abweichungen vom langfristigen Gleichgewicht ebenfalls durch eine verzögerte Reaktion des Vermögens auf exogene Schocks erklärt. Im Unterschied zum „monetary approach" ist nun aber die Zahlungsbilanz stets *ausgeglichen*. Dies wird damit begründet, daß jeder Saldo in der Leistungsbilanz durch eine entsprechende Kapitalbewegung finanziert wird, und zwar ohne, daß dazu Änderungen des Wechselkurses erforderlich sind. Von einem variablen Kapitalstock wird in diesen Ansätzen abgesehen. Entscheidend für eine Konvergenz zum langfristigen Gleichgewicht sind dann die folgenden Faktoren:

1. Real- und Nominalvermögen müssen sich in dieselbe Richtung bewegen.
2. Die Wechselkursentwicklung darf eine bestehende Realvermögensakkumulation bzw. -dekumulation nicht verschärfen. In diesem Zusammenhang erhalten *Erwartungen* bezüglich der Wechselkursänderung erhöhte Relevanz. So wird gezeigt, daß *„myopic perfect foresight"* destabilisierend wirkt.
3. Die Ersparnis muß mit steigendem (fallendem) Realvermögen fallen (steigen).

Im Rahmen des *„asset approach" vom Typ A*[1] wird eine alternative Erklärung für eine verzögerte Anpassung des Systems auf Parameteränderungen darin gesehen, daß zum einen *Erwartungsirrtümer* bezüglich der Wechselkursentwicklung nur sukzessive abgebaut werden und zum anderen der realwirtschaftliche im Vergleich zum finanzwirtschaftlichen Sektor *verzögert* reagiert. Die Rolle der Ersparnis und der Leistungs- bzw. Zahlungsbilanz bleibt dabei im Dunkeln. Entscheidend ist vielmehr die Hypothese, daß der Wechselkurs kurzfristig durch die Erfordernisse des *Zinsarbitragegleichgewichts* bestimmt wird und somit der Erwartungshypothese bezüglich der Wechselkursentwicklung maßgebendes Gewicht zukommt.

Literaturverzeichnis

Zeitschriftensiglen

AER	The American Economic Review
CJE	The Canadian Journal of Economics
Eca	Economica
EJ	The Economic Journal
IER	International Economic Review
IMF	International Monetary Fond
JEDC	Journal of Economic Dynamics and Control
JEL	Journal of Economic Literature
JET	Journal of Economic Theory
JF	Journal of Finance
JIE	Journal of International Economics
JMCB	Journal of Money, Credit and Banking
JME	Journal of Monetary Economics
JMT	Journal of Macroeconomics
JNSt	Jahrbücher für Nationalökonomie und Statistik
JPE	Journal of Political Economy
QJE	The Quarterly Journal of Economics
RES	The Review of Economic Studies
RESt	The Review of Economics and Statistics
SEJ	Southern Economic Journal
SJE	The Scandinavian Journal of Economics
WWA	Weltwirtschaftliches Archiv
ZgSt	Zeitschrift für die gesamte Staatswissenschaft
ZN	Zeitschrift für Nationalökonomie
ZWS	Zeitschrift für Wirtschafts- und Sozialwissenschaften

Aliber, R.Z.: (1978) „The Integration of National Financial Markets. A. Review of Theory and Findings", WWA, Bd. 114, S. 421–447.

Allen, J.: (1973) „A Portfolio Approach to International Capital Flows", JIE, Bd. 3, S. 135–160.

Angell, J.W.: (1922) „International Trade under Inconvertible Paper", QJE, Bd. 36, S. 309–412.

Aoki, M.: (1980) „Short-Run Asset and the Real Sector Dynamics of a Small Open Economy under Flexible Exchange Rates", Beihefte zu Kredit und Kapital, Heft 6, Hrsg. H. Frisch, G. Schwödiauer, S. 50–51.

Balassa, B.: (1964) „The Purchasing-Power Parity Doctrine: A Reappraisal", JPE, S. 584–596.

Barro, R.J.: (1978) „A Stochastic Equilibrium Model of an Open Economy under Flexible Exchange Rates", QJE, S. 149 — 1964.

Barro, R.J., *Grossman*, H.I.: (1971) „A General Disequilibrium Model of Income and Employment", AER, Bd. 61, S. 82–93.

—, — (1976) „Money, Employment and Inflation". Cambridge, London, New York, Melbourne.

Bilson, J.F.O.: (1979) „Recent Developments in Monetary Models of Exchange Rate Determination", IMF Staff Papers, Bd. 26, S. 201–223.

Bisignano, J., *Hoover*, K.: (1982) „Some Suggested Improvements to a Simple Portfolio Balance Model of Exchange Rate Determination with Special Reference to the U.S. Dollar/Canadian Dollar Rate", WWA, Bd. 118, S. 19–38.

Black, S.: (1973) „International Money Markets and Flexible Exchange Rates", Princeton Studies in International Finance, Nr. 32.

Blinder, A.S., *Solow*, R.M.: (1974) „The Economics of Public Finance", Brookings Institution, Washington D.C.

Borich, J.: (1972) „Capital Flows, Devaluation, and the Balance of Payments", CJE, Bd. 5, S. 227–236.

Boyer, R.S.: (1977) „Devaluation and Portfolio Balance" AER, Bd. 67, S. 54–63.

Branson, W.: (1968) „Financial Capital Flows in the U.S. Balance of Payments", North Holland Publishing Company, Amsterdam.

— (1972) „The Minimum Covered Interest Differential Needed for International Arbitrage Activity", JPE, S. 1028–1035.

— (1976) „Asset Markets and Relative Prices in Exchange Rate Determination", Seminar Paper No. 66, Institute for International Economic Studies, University of Stockholm.

— (1976) „The Dual Roles of the Government Budget and the Balance of Payments in the Movement from Short-Run to Long-Run Equilibrium", QJE, Bd. 90, S. 345–367.

Brunner,K.: (1973) „Money Supply Process and Monetary Policy in an Open Economy", in: M.B. Connolly, A.K. Swobodo (Hrsg.), International Trade and Money, London, S. 127–166.

— (1981) „Geldtheorie und Geldpolitik aus der Sicht des Monetarismus", HdWW, Bd. 3, S. 391–412.

Buiter, W.: (1978) „Short-run and Long-run Effects of external Disturbances under a Floating Exchange Rate", Eca, Bd. 45, S. 251–272.

Buntin, F.H.: (1939) „Purchasing Power Parity Theory Reeaxamined", SEJ, Bd. 5, S. 282–301.

Cagan, Ph.: (1956) „The Monetary Dynamics of Hyperinflation", in: M. Friedman (Hrsg.), Studies in the Quantity Theory of Money, Chicago, S. 25–117.

McCallum, B.T.: (1981) „Monetarist Principles and the Money Stock Growth Rule", AER, Papers and Proceedings, S. 134–149.

Calvo, G., *Rodriguez*, C.A.: (1977) „A Model of Exchange Rate Determination under Currency Substitution and Rational Expectations", JPW, Bd. 85, S. 617–625.

Carlson, K.: (1974) „Monetary and Fiscal Actions in Macroeconomic Models", Federal Reserve Bank of St. Louis.

Cassel, G.: (1916) „The Present Situation of the Foreign Exchanges", EJ, Bd. 26, S. 62–55.

— (1928) „Post-War Monetary Stabilization", New York.

Caves, D.W., *Feige*, E.L.: (1980) „Efficient Foreign Exchange Markets and the Monetary Approach to Exchange Rate Determination", AER, Bd. 70, S. 120–134.

Chan, K.: (1979) „A Dynamic Disequilibrium Comparison of Fixed and Free Exchange-Rate Regimes", AER, Bd. 69, S. 843–854.

Christ, C.F.: (1968) „A Simple Macroeconomic Model with a Government Budget Restraint", JPE, Bd. 76, S. 53–67.

Clower, R.W.: (1965) „The Keynesian Counterrevolution: A Theoretical Appraisal", in: F. Hahn, F. Brechling (Hrsg.), The Theory of Interest Rates, London.

Corden, W.: (1976) „Inflation and the Exchange Rate System", SJE, Bd. 78, S. 370–383.

Cuikerman, A.: (1978) „Rational Expectations and Monetary Policy", JME, S. 213–229.

Dernburg, Th.F., *Dernburg*, J.D.: (1969) „Macroeconomic Analysis. An Introduction to Comparative Statics and Dynamics", Massachusetts.

Dornbusch, R.: (1973a) „Devaluation, Money, and Non-Traded Goods", AER, Bd. 63, S. 871–883.

— (1973b) „Currency Depreciation, Hoarding, and Relative Prices", JPE, Bd. 81, S. 893–915.

— (1975) „A Portfolio Balance Model of the Open Economy", JME, Bd. 1, S. 3–20.

— (1976a) „The Theory of Flexible Exchange Rate Regimes and Macroeconomic Policy", SJE, Bd. 78, S. 225–275.

— (1976b) „Exchange Rate Expectations and Macroeconomic Policy", JIE, Bd. 6, S. 231–244.

— (1977) „Capital Mobility and Portfolio Balance", in: R. Aliber (Hrsg.), The Political Economy of Monetary Reform, S. 106–125.

Ellis, H.S.: (1936) „The Equilibrium Rate of Exchange", in: Explorations in Economics. Notes and Essays Contributed in Honour of F.W. Taussig, New York.

Enders, W.: (1977) „Portfolio Balance and Exchange Rate Stability", JMCB, S. 490–499.

Ethier, W.: (1979) „Expectations and the Asset-Market Appraoch to the Exchange Rate", JME, Bd. 5, S. 259–282.

Fama, E.: (1970) „Efficient Capital Markets: A Review of Theory and Empirical Work", JF, Bd. 25, S. 383–417.

Fischer, St.: (1972) „Money, Income, Wealth and Welfare", JET, Bd. 4, S. 289–311.

Fisher, I.: (1974) „The Theory of Interest", Wiederabdruck, Clifton.

Floyd, J.E.: (1969) „Monetary and Fiscal Policy in a World of Capital Mobility", RES, Bd. XXVI, S. 503–517.

Foley, D.: (1975) „On Two Specifications of Asset Equilibrium in Macroeconomic Models", JPE, Bd. 83, S. 303–324.

Foley,D., *Sidrausky*, M.: (1970) „Portfolio Choice, Investment and Growth", AER, Bd. LX, S. 44–63.

Frenkel, J.A.: (1976) „A Monetary Approach to the Exchange Rate: Doctrinal Aspects and Empirical Evidence", SJE, Bd. 78, S. 200–224.

Frenkel, J.A., *Johnson*, H.G.: (1976) „The Monetary Approach to the Balance of Payments: Essential Concepts and Historical Origins", in: The Monetary Approach to the Balance of Payments, J.A. Frenkel, H.G. Johnson (Hrsg.), London, S. 21–45.

Frenkel, J.A., *Rodriguez*, C.A.: (1977) „Portfolio Equilibrium and the Balance of Payments: A Monetary Approach", AER, Papers and Proceedings, Bd. 65, S. 674–688.

Friedman, M.: (1968) „The Role of Monetary Policy", AER, Bd. 58, S. 1–17.

Gäfgen, G.: (1974), 3. Auflage, „Theorie der wirtschaftlichen Entscheidungen", Tübingen.

Genberg, H., *Kierzkowski*, H.: (1975) „Short-Run, Long-Run, and Dynamics of Adjustment under Flexible Exchange Rates", Graduate Institute of International Studies

Girton, L., *Henderson*, D.W.: (1976) „Financial Capital Movements and Central Bank Behaviour in a Two-Country Short-Run Portfolio Balance Model", JME, S. 33–61.

Girton, L., *Roper*, D.: (1977) „A Monetary Model of Exchange Market Pressure Applied to the Postwar Canadian Experience", AER, Bd. 67, S. 537–546.

Größl, I.: (1981) „Die Bedeutung des Geldes in einer geschlossenen Volkswirtschaft aus neoklassischer Sicht", INSt, Bd. 196, S. 271–280.

Haberler, G.: (1936) „The Theory of International Trade", London.

Hadjimichalakis, M.G.: (1981) „Expectations of the ‚Myopic Perfect Foresight‘ Variety“ in Monetary Dynamics. Stability and Nonneutrality of Money, JEDC, Bd. 3, S. 157–176.

Haslinger, F.: (1979) „Money and Barter in General Equilibrium. A Review“, ZN, S. 385–400.

Hawtrey, R.G.: (1950), 2. Aufl., „Currency and Credit“, London.

Heckscher, E.F.: (1930) „Sweden, Norway, Denmark and Iceland in the World War“, New Haven.

Henderson, D.W.: (1977) „Modelling the Interdependence of National Money and Capital Markets“, AER, Bd. 67, S. 193–198.

— (1980) „The Dynamic Effects of Exchange Market Intervention Policy: Two Extreme Views and a Synthesis“, Beihefte zu Kredit und Kapital, Heft 6, S. 156–220, Hrsg. H. Frisch, G. Schwödiauer.

Herberg, H.: (1975) „Gesamtwirtschaftliches makroökonomisches Gleichgewicht und Walrassches Gesetz. Eine didaktische Skizze“, ZgSt, Bd. 131/4, S. 573–601.

Hochgesand, H.: (1974) „Theorie der Devisenspekulation“, in: F. Voigt (Hrsg.), Untersuchungen über das Spar-, Giro- und Kreditwesen, Abtlg. A: Wirtschaftswissenschaft, Bd. 74.

Ingram, J.C.: (1978) „Expectations and Floating Exchange Rates“, WWA, Bd. 114, S. 421–447.

Jarchow, H.J.: (1978), 4. Aufl., „Theorie und Politik des Geldes. I. Geldtheorie“, Göttingen

Johnson, H.G.: (1976) „Towards a General Theory of the Balance of Payments“, in: The Monetary Approach to the Balance of Payments, J.A. Frenkel, H.G. Johnson (Hrsg.), London, S. 46–63.

Karius, W.: (1981) „Internationaler Handel und Beschäftigung. Ein Beitrag zur Theorie temporärer Gleichgewichte bei Mengenrationierung“, Frankfurt am Main.

Konrad, A.: (1979) „Zahlungsbilanztheorie und Zahlungsbilanzpolitik“, Reihe: Wirtschaftstheorie und Wirtschaftspolitik. H. Lampert und M. Neumann (Hrsg.), München.

Kouri, P.J.K., *Porter*, M.G.: (1974) „International Capital Flows and Portfolio Equilibrium“, JPE, Bd. 82, S. 443–467.

Kouri, P.J.K.: (1976) „The Exchange Rate and the Balance of Payments in the Short-Run and in the Long-Run: A Monetary Approach“, SJE, Bd. 78, S. 280–304.

Kouri, P.J.K., *de Macedo*, J.B.: (1978) „Exchange Rates and the International Adjustment Process“, Brookings Papers on Economic Activity, Bd. 38, S. 111–150.

Kühn, B.: (1979) „Rationale Erwartungen und Wirtschaftspolitik“. Reihe: Schriften zur monetären Ökonomie, D. Duwendag (Hrsg.), Bd. 8, Baden-Baden.

Lapan, H., *Enders*, W.: (1978) „Devaluation, Wealth Effects and Relative Prices“, AER, Bd. 68, S. 601–614.

Laursen, S., *Metzler*, L.A.: (1950) „Flexible Exchange Rates and the Theory of Employment“, REStat, Bd. 32, S. 282–299.

Lindner, S.B.: (1961) „An Essay on Trade and Transformation“, Uppsala, Almqvist and Wiksell.

Lucas, jr., R.E.: (1972) „Expectations and the Neutrality of Money“, JET, Bd. 4, S. 103–124.

— (1973) „Some International Evidence on Output Inflation Tradeoffs“, AER, Bd. 63. S. 326–334.

McKinnon, R.I., *Oates*, W.E.: (1966) „The Implications of International Economic Integration for Monetary, Fiscal and Exchange Rate Policy“, Princeton Studies in International Finance, No. 16.

McKinnon, R.I.: (1969) „Portfolio Balance and International Payments Adjustment“, in: R.A. Mundell, A.K. Swoboda (Hrsg.), Monetary Problems of the International Economy.

Markowitz, H.M.: (1959) „Portfolio Selection: Efficient Diversification of Investments“, New York.

Marshall, A.: (1923) „Money, Credit and Commerce“, London.

Mathieson, D.J.: (1973) „Traded Goods, Nontraded Goods, and the Balance of Payments“, IER, Bd. 14, S. 615–624.

Metzler, L.A.: (1973) „Collected Papers“, Cambridge.

Meyer, L.H.: (1975) „The Balance Sheet Identity, the Government Financing Constraint, and the Crowding Out Effect“, JME, Bd. 4, S. 65–78.

Miller, M., *Upton*, Ch.W.: (1974) „Macroeconomics. A Neoclassical Introduction“, Homewood Illinois.

Modigliani, A.: (1963) „The Life Cycle Hypothesis of Saving: Aggregate Implications and Tests“, AER, Bd. LIII, S. 55–84.

Modigliani, A., *Brumberg*, R.: (1954) „Utility Analysis and the Consumption Function: An Interpretation of Cross Section Data“, in: K. Kurihara (Hrsg.), Post Keynesian Economics, New York.

Mundell, R.A.: (1968) „International Economics“, New York.

Mussa, M.: (1973) „A Study in Macroeconomics“, in: Studies in Monetary Economics, K. Brunner, St. Fischer (Hrsg.), Bd. 3, New York, Amsterdam.

— (1974) „A Monetary Approach to Balance-of-Payments Analysis“, JMCB, Bd. 6, S. 333–351.

— (1976) „The Exchange Rate, the Balance of Payments, and Monetary and Fiscal Policy under a Regime of Controlled Floating“, SJE, Bd. 78, S. 229–248.

Myhrman, J.: (1977) „Strom-Bestands-Ansätze des internen und externen Gleichgewichts“, in: E.-M. Claassen (Hrsg.), Kompendium der Währungstheorie, München.

Negeshi, T.: (1968) „Approaches to the Analysis of Devaluation", IER, Bd. 9. S. 218–227.

Neumann, M.: (1971) „Einkommen, Preise und Wechselkurs", ZFN, Bd. 31, S. 405–424.

— (1974) „Internationaler Preiszusammenhang bei festen und flexiblen Wechselkursen", ZWS, H. 2, S. 105–122.

Neumann, M. v., *Whitman*: (1970) „Policies for Internal and External Balance", Special Papers in International Economics, No. 9, Princeton.

— (1975) „Global Monetarism and the Monetary Approach to the Balance of Payments", Brookings Papers on Economic Activity, Nr. 3, S. 491–536.

Niehans, J.: (1978) „The Theory of Money", Baltimore.

Oates, W.: (1966) „Budget Balance and Equilibrium Income: A Comment on the Efficacy of Fiscal and Monetary Policy in an Open Economy", JF, Bd. 21, S. 489–498.

Ohlin, B.: (1967), 2. Aufl., „Interregional and International Trade", Cambridge, Mass.

Ott, A.E.: (1970), 2. Aufl., „Einführung in die dynamische Wirtschaftstheorie", Göttingen.

— (1979), 3. Aufl., „Grundzüge der Preistheorie", Göttingen.

Ott, A.F., *Ott*, D.J.: (1965) „Budget Balance and Equilibrium Income", JF, Bd. 20, S. 71–77.

— (1968) „Monetary and Fiscal Policy: Goals and the Choice of Instruments", QJE, Bd. 82, S. 313–325.

Patinkin, D.: (1965), 2. Aufl., „Money, Interest and Prices. In Integration of Monetary and Value Theory", New York.

— (1969) „Money and Wealth: A Review Article", JEL, Bd. 7, S. 1140–1160.

Pigou, A.C.: (1920) „Some Problems of Foreign Exchanges", EJ, Bd. 30, S. 460–472.

— (1951) „The Value of Money", wiederabgedruckt in: F.A. Lutz, L.W. Mints (Hrsg.), Readings in Monetary Theory, Philadelphia.

Porter, M.G.: (1977) „The Exchange Rate and Portfolio Equilibrium", Monash University, Working Paper Nr. 62.

Prachowny, M.F.J.: (1975) „Small Open Economies. Their Structure and Policy Environment". Lexington, Mass.

Ramser, H.J., *Angehrn*, B.: (1977) „Beschäftigung und Inflation", Stuttgart, New York.

Robertson, D.H.: (1948), 2. Aufl., „Money", London.

Rose, K.: (1981), 8. Aufl., „Theorie der Außenwirtschaft", München.

Roth, J.: (1975) „Der internationale Konjunkturzusammenhang bei flexiblen Wechselkursen". Reihe: Kieler Studien. Institut für Weltwirtschaft in Kiel, Hrsg. H. Giersch, Bd. 135, Tübingen.

Sidney, A.: (1952) „The Effects of a Devaluation on a Trade Balance", IMF Staff Papers, 2, S. 263–278.

Swoboda, A.K.: (1976) „Monetary Approaches to Balance-of-Payments Theory", in: E.-M. Claassen, P. Salin (Hrsg.), Recent Issues in International Monetary Economics, North Holland, Amsterdam.

Schmid, M.: (1982) „Stagflationary Effects of a Devaluation in a Monetary Model with Imported Goods", INSt, Bd. 197, S. 107–129.

Schadler, S.: (1977) „Sources of Exchange Rate Variability: Theory and Empirical Evidence", IMF Staff Papers, Nr. 77/29, S. 253–296.

Tobin, J.: (1965) „The Theory of Portfolio Selection", in: F. Hahn, F. Brechling (Hrsg.), The Theory of Interest Rates, London.

— (1968) „An Essay on the Principles of Debt Management", in: Fiscal and Debt Management Policies, Prentice Hall, Eaglewood Cliffs, N.J.

— (1969) „A General Equilibrium Approach to Monetary Theory", JMCB, Bd. 1, S. 15–19.

Turnovsky, St.: (1977) „Macroeconomic Analysis and Stabilization Policy", Cambridge.

— (1981) „Exchange Rate Determination", JMT, Bd. 3, S. 1–32.

Turnovsky, St., *Kingston*, G.H.: (1977) „Monetary and Fiscal Policies under Flexible Exchange Rates and Perfect Myopic Foresight in an Inflationary World", SJE, Bd. 79, S. 424–441.

Villett, Th.D., *Forte*, F.: (1969) „Interest Rate Policy and External Balance", QJE, Bd. 83, S. 242–262.

Viner, J.: (1937) „Studies in the Theory of International Trade", New York.

Viotti, St.: (1980) „Inflation, the Terms of Trade and Flexible Exchange Rates", Beihefte zu Kredit und Kapital, Hrsg. H. Frisch, G. Schwödiauer, Heft 6, S. 18–47.

Wallace, N.: (1970) „The Determination of the Stock of Reserves and the Balance of Payments in a Neo-Keynesian Model", JMCB, S. 269–289.

Walras, L.: (1926) „Eléments d'économie politique pure", Lausanne.

Volkswirtschaftliche Schriften

Seit Frühjahr 1980 sind erschienen:

319 **Struktur und Verhalten des kybernetischen Realsystems Wirtschaft.** Von N. Brachthäuser. 90 S. 1982. DM 39,60

320 **Öffentliche Unternehmen als Mittel einer interventionistischen Wettbewerbspolitik.** Von R. Schneider. 111 S. 1982. DM 44,—

321 **Die natürliche Wirtschaftsordnung der wirtschaftlichen Arbeitsdreiteilung.** Von E. Eckelt. 226 S. 1982. DM 78,—

322 **Zur Leistungsfähigkeit der konsumtheoretischen Analyse der Nachfrage nach öffentlichen Gütern.** Von H.-D. Stolper. 173 S. 1982. DM 76,—

323 **Die Gesetze des Wirtschaftswachstums.** Von A. Strassl. 277 S. 1982. DM 94,—

324 **Außenhandelseffekte in linearen Wachstumsmodellen.** Von K. Nobel. 265 S. 1982. DM 128,—

325 **Über die Grenzen und Möglichkeiten der Kontrollierbarkeit der Komponenten der Zentralbankgeldmenge durch die Oesterreichische Nationalbank.** Von W. Penker. 182 S. 1982. DM 76,—

326 **Die Beschäftigungspolitik in der Bundesrepublik Deutschland in den Jahren 1974 - 1978.** Von F. Hemmerich. 170 S. 1982. DM 78,—

327 **Zur Vertretbarkeit von Störungen der Marktwirtschaft aus ideellen und sonstigen Gründen.** Von R. Meimberg. 62 S. 1983. DM 28,—

328 **Krankenhäuser im Wettbewerb.** Von W. Buchholz. 229 S. 1983. DM 80,—

329 **Inflation und Wirtschaftswachstum.** Von H. Wagner. IV, 234 S. 1983. DM 94,—

330 **Ökonomische Sicherungspolitik.** Von E. Forster. 280 S. 1983. DM 96,—

331 **Auszahlungsaufteilungsverhalten in Apex-Spielen und Versteigerung der Spielerrollen.** Von B. Schwarze. 168 S. 1983. DM 98,—

332 **Grundlagen und Probleme der indikativen sektoralen Planung in marktwirtschaftlich orientierten Systemen.** Von D. Wolfertz. 165 S. 1983. DM 66,—

333 **Grundzüge einer Gesamtverkehrsplanung unter dem Gesichtspunkt des Umweltschutzes.** Von J. Kandler. 198 S. 1983. DM 78,—

334 **Ökonometrische Analysen und statistische Inferenzkonzepte.** Von A. Poscher. 207 S. 1983. DM 112,—

335 **Armutsorientierte Entwicklungspolitik.** Von S. Schönherr. 291 S. 1983. DM 88,—

336 **Nationalökonomie und Realität.** Von W. Dichmann. 488 S. 1983. DM 178,—

337 **Zur Theorie der Direktinvestitionen im Ausland.** Von W. Jahrreiß. 352 S. 1984. DM 148,—

338 **Bürokratie und Effizienz staatlichen Handelns.** Von L. Thürmer. 177 S. 1984. DM 78,—

339 **Wirtschaft und Gesellschaft in Deutschland und Großbritannien im Übergang zum ‚organisierten Kapitalismus'.** Von W. Berg. 888 S. 1984. DM 220,—